DIE PRIGNITZ ENTDECKEN

AF565385

Armin A. Woy

Die PRIGNITZ *entdecken*

Kultur und Landschaft im Nordwesten Brandenburgs

Be.Bra Verlag

Inhalt

Rund um Wittstock

Links und rechts der Dosse

Einführung

Auf halbem Wege zwischen Berlin und Hamburg liegt im Nordwesten des Landes Brandenburgs die Prignitz – eine historische Region, von der heute kleine Teile auch zu Mecklenburg-Vorpommern und zu Sachsen-Anhalt (z. B. Havelberg) gehören. Die Grundstrukturen der Landschaft sind im Wesentlichen durch die Eiszeiten entstanden. Im Südwesten wird die Prignitz durch die Elbe mit ihrem Urstromtal begrenzt, während die Grenzen zu Mecklenburg und zum Ruppiner Land im Laufe der Geschichte immer wieder neu gezogen wurden und sich mannigfaltig verändert haben.

Von der bewegten Geschichte zeugen heute noch tausende Jahre alte Megalith- oder Großsteingräber, untergegangene und archäologisch wiederentdeckte Städte, alte Burgen bzw. Burgruinen, Kirchen, Gutshäuser und Dorfanlagen. Historische Städte mit mittelalterlichen Stadtkernen und für sie typische Bau- und Kunstdenkmäler sowie Dörfer mit ihren charakteristischen Bauern- und Fachwerkhäusern prägen die Prignitz.

Neben dem kulturhistorischen Reichtum bietet die Prignitz aber auch eine Vielzahl an Landschafts- und Naturschätzen. Zwischen den ehemaligen Überflutungsgebieten der Elbe, den Wischegebieten, und den hügeligen Endmoränengebieten im östlichen Teil bezaubert die Prignitz mit ihrer abwechslungsreichen Landschaft mit naturbelassenem Grünland, bestellten Feldern, Wäldern, Bächen und Flüssen. Aufgrund der geringen Besiedlungsdichte haben sich hier Rückzugsräume für zahlreiche Tier- und Pflanzenarten erhalten, die zu den vom Aussterben bedrohten Arten gehören und an anderen Orten Deutschlands nur noch wenig oder gar nicht mehr anzutreffen sind. Viele Flächen der Prignitz stehen deshalb inzwischen unter Schutz. Auch als Durchzugsgebiet für viele Vogelarten ist die Prignitz, als Rast- und Futterort auf dem Weg in den Süden oder den Norden, von großer Bedeutung. Die Landschaft ist eine Art Drehkreuz für die verschiedenen Gänsearten, Schwäne, Kraniche, Bussarde usw. in Zugzeiten. Sie lassen sich hier wunderbar beobachten. In milden Wintern wird die Region sogar zum Winterquartier.

Überall finden sich Schlösser und Herrenhäuser, wie hier im Storchendorf Rühstädt.

Aus der umfangreichen Vielfalt an kulturhistorischen Orten und Plätzen sowie interessanten Landschafts- und Naturräumen ist eine facettenreiche Auswahl getroffen worden. So finden sich in den Artikeln Hinweise auf die verschiedenen Geschichtsepochen, Bauwerke und Naturräume. Da die Quellenlage hierzu bei den einzelnen Orten sehr unterschiedlich ist, sind auch die Artikel unterschiedlich lang. Zudem sollte der Umfang eines handlichen und überschaubaren »Entdeckungsbuches« durch die Prignitz nicht überschritten werden.

Um den Gebrauch des Buches auch vor Ort zu vereinfachen, wurde die Prignitz in vier Regionen unterteilt: 1. Elbtalaue, 2. Rund um Pritzwalk, 3. Rund um Wittstock und 4. Links und rechts der Dosse. Innerhalb der Regionen sind die Orte bzw. Naturräume (hier nach deren offizieller Benennung) alphabetisch sortiert. Je nach Quellenlage sind die Artikel so aufgebaut, dass zunächst die allgemeine Ortsgeschichte dargestellt wird. Dann folgen Beschreibungen der Kirchen (welche oftmals die ältesten Bauten in den Orten sind), der »Schlösser«, Guts- oder Herrenhäuser sowie weiterer Bauten wie z. B. Rathäuser, Fachwerkbauten,

Weite Landschaft, historische Orte: Wittenberge ist heute die größte Stadt in der Prignitz

Pfarrhäuser, Kunstdenkmäler, aber auch technische Bauten. Auch auf einzelne interessante Personen, die in den Orten geboren wurden oder gewirkt haben, wird hingewiesen. Darüber hinaus finden sich Hinweise zur reichhaltigen Museumslandschaft in der Prignitz, zu Parks und Gärten, Einrichtungen der Naturbildung und zu einem Tierpark. Zusätzlich gibt es Tipps für Familienausflüge und Hinweise auf Aussichtspunkte. Auch wer sich für Pferde, historische Züge und Technik und/oder Architektur interessiert, wird berücksichtigt.

Kommen Sie mit auf eine spannende Entdeckungsreise durch die Prignitz!

Elbtalaue

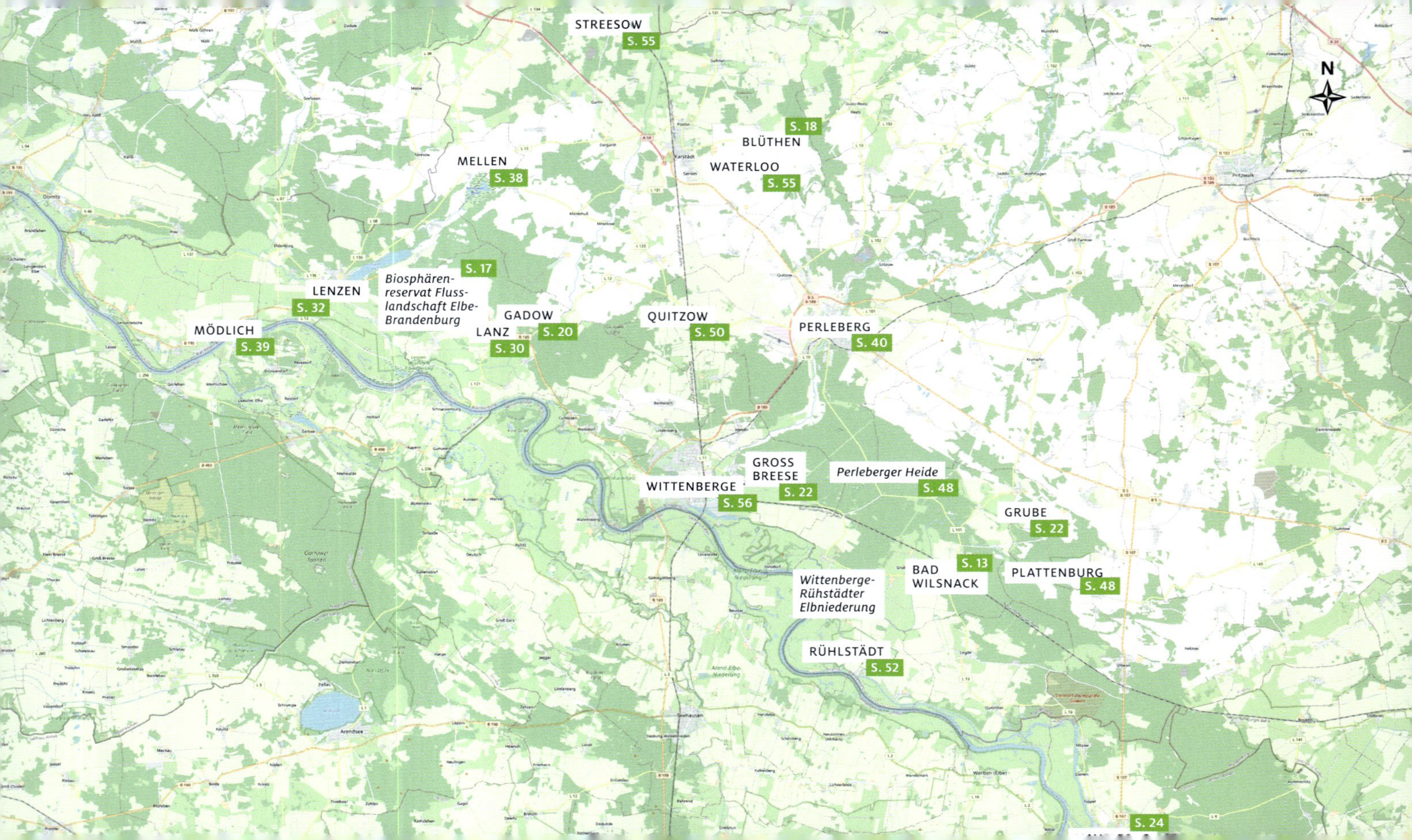
N
STREESOW
S. 55
BLÜTHEN
S. 18
WATERLOO
S. 55
MELLEN
S. 38
Biosphären-reservat Fluss-landschaft Elbe-Brandenburg
S. 17
LENZEN
S. 32
MÖDLICH
S. 39
GADOW
S. 20
LANZ
S. 30
QUITZOW
S. 50
PERLEBERG
S. 40
GROSS BREESE
S. 22
Perleberger Heide
S. 48
WITTENBERGE
S. 56
GRUBE
S. 22
BAD WILSNACK
S. 13
PLATTENBURG
S. 48
Wittenberge-Rühstädter Elbniederung
RÜHLSTÄDT
S. 52
S. 24

BAD WILSNACK

Wunderblutkirche, Therme, Gradierwerk, Karthanepark, Skulptur Kleine Dott

Die Entwicklung von Wilsnack ist mit der Wunderbluthostie verbunden. 1383 wurden aus der abgebrannten Kirche durch Pfarrer Johannes Cabbuez drei vom Feuer unversehrte Hostien, die zudem Blutflecken – »Wunderblut« – aufwiesen, geborgen. War die Unversehrtheit der Hostien allein schon wunderlich, so sollen sich bald auch weitere Wunder ereignet haben. Schon 1384 ließ der Bischof Dietrich von Havelberg mit dem Bau der Wallfahrtskirche St. Nikolai beginnen. Wilsnack entwickelte sich zu einem der wichtigsten Wallfahrtsorte Mitteleuropas mit Pilgernden aus ganz Deutschland, Polen, Böhmen, Ungarn, Skandinavien, den Niederlanden etc. Das Straßenangerdorf mit kurzen Quergassen wurde rasch zu einem Städtchen mit eigener Selbstverwaltung durch Bürgermeister und Rat (1397). Trotz immer wiederkehrender Kritik wurde 1453 das »Wunderblut« von Papst Nikolaus V. anerkannt.

Das Ende des Wunderblutes kam mit der Reformation: 1548 traten die in Wilsnack Lebenden zum evangelisch-lutherischen Glauben über und der erste evangelische Pfarrer Joachim Ellefeld verbrannte die Hostien. Wilsnack sank durch die ausbleibenden Wallfahrten auf ein unbedeutendes Landstädtchen zurück. Die in der Stadt wohnenden Menschen lebten hauptsächlich von Tuchmacherei, Viehzucht und Ackerbau, noch Mitte des 19. Jahrhunderts wird die Bevölkerung als größtenteils arm beschrieben. 1846 erhielt Wilsnack Anschluss an die Berlin-Hamburger Eisenbahnstrecke. Der heutige Bahnhof wurde 1882 errichtet. 1906 wurde eisenoxidhaltige Moorerde nahe Wilsnack entdeckt, ein Jahr später eine Moorbadestelle eröffnet und 1929 die Stadt zum Kurort Bad Wilsnack erhoben. In der DDR-Zeit wurde Bad Wilsnack zum Rheumasanatorium ausgebaut und 1995 entstand die Kurklinik Bad Wilsnack. 2000 wurde das Thermalbad eröffnet und drei Jahre später folgte die Anerkennung als »Thermalsole- und Moorheilbad«.

Die gewölbte Backsteinhallen-Pfarr- und Wallfahrtskirche St. Nikolai hat eine bis heute nicht eindeutig geklärte Baugeschichte. Die erste Wallfahrtskirche wurde rasch zu klein, so dass um 1450 herum mit dem Bau einer größeren Kirche begonnen wurde. Dabei sind Teile des Vorgän-

Die Wunderblutkirche dominiert die Altstadt von Bad Wilsnack.

gerbaus integriert worden, wie z. B. der Turmstumpf. Der Grundriss des alten Chors, der bei Grabungen 1987/89 zum Vorschein kam, wurde im Fußboden markiert. Den Schlusspunkt der Bauarbeiten zum Langschiff, 1525 vollendet, setzte der Renaissancegiebel an der Westfassade 1591. An der Nordseite befinden sich noch Reste des Verbindungsgangs von der Empore zum Prälatenhaus, dem späteren Herrenhaus derer von Saldern (1976 nach einem Brand abgebrochen). Der Innenraum ist ein lichter hoher Raum mit Kreuzrippengewölbe. Der historische Altar besteht aus drei übereinandergestellten mittelalterlichen Altarteilen (Predella aus dem 14. Jahrhundert, darüber Schnitzretabel um 1390, der bekrönende Schnitzaltar 1488) mit darüber befindlichem Holzkruzifix aus dem Ende des 15. Jahrhunderts. Die hölzerne Kanzel mit schönem Schalldeckel und Kanzelkorb auf gewundener Säule und dem Allianzwappen (von Saldern/von Bismarck) stammt aus der Zeit um 1670. Um 1400 entstand die Sandsteintaufe mit Maßwerk und Wappenschilden der ersten Förderer des Heiligen Blutes (Bistümer Havelberg, Lebus und Brandenburg, Bischof Johann Wöpelitz). Aus der gleichen Zeit stammt auch der Sandsteinleuchter. Weitere Skulpturen, Epitaphe, Gräber, Gemälde etc. sind im Kirchenraum verteilt. Am südlichen Querschiffarm befindet sich die Wunderblutkapelle. Sie enthält den Wunderblutschrein, in dem die drei Bluthostien aufbewahrt wurden. Sie wurde im letzten Drittel des 15. Jahrhundert kunstvoll bemalt. Der Orgelprospekt stammt von A. H. Rietze aus Magdeburg. Friedrich Hermann Lütkemüller aus Wittstock hat die Orgel 1884 erweitert und umgebaut. 1992/93 wurde sie restauriert.

Am Markt 5 steht das alte Rathaus. Das zweigeschossige Fachwerkgebäude mit Ziegelausfachung wurde wohl um 1800 erbaut. Es hat ein Krüppelwalmdach mit Fledermausgauben und steht quer zu der angerartig aufgeweiteten Großen Straße.

In der Großen Straße 27, 30 und 64 stehen noch erhaltene Fachwerkhäuser aus der Zeit Ende des 17., Anfang des 18. Jahrhunderts.

Im Bereich der Straße am Kähling, gut zu Fuß vom Bahnhof aus zu erreichen, befindet sich die 1993 errichtete orthopädische und rheumatologische Facheinrichtung Elbtalklinik. In unmittelbarer Nachbarschaft steht das Thermalbad mit seinem Saunadorf und dem Salzsee mit 24 Prozent Solegehalt. Vor dem Thermalbad bietet Brandenburgs erstes Gradierwerk einen Meeresluft-Effekt. Über Edelreisig wird Sohle verdunstet, wodurch Mineralien freigesetzt werden, die über die Haut und die Atemluft aufgenommen werden können. Hierdurch werden Bronchien- und Atemwegserkrankungen gelindert.

In der Straße An der Bahn liegt der Karthanepark, der aus drei Themengärten besteht: dem Kur-, dem Natur- und dem Freizeitgarten. Der Kurgarten bietet für alle Altersgruppen Fitness-, Bewegungs- und Spielanlagen, zuzüglich Barfußpfad, Teich zum Durchwaten und Sonnenliegen. Der Naturgarten versteht sich als naturnaher Erlebnisraum mit Dolden- und Wiesenflächen sowie Grabenaufweitungen. In ihm befindet sich auch ein Fledermauskeller, von dessen Dach aus ein 16 Meter hoher Aussichtsturm bestiegen werden kann. Gleich hinter der Bahnunterführung ist der Freizeitgarten erreicht, in den bereits vorhandene Sportanlagen integriert wurden. Hinzu kamen ein Beachvolleyballfeld und eine Feuerstelle. In Verbindung mit der angrenzenden Mehrzweckhalle bieten sich hier auch Möglichkeiten des Gruppensportes.

In der Straße Am Brink befindet sich auf dem Grundstück Nummer 1 die Bildungsstätte Bad Wilsnack der Berufsgenossenschaft Holz und Me-

Wunderblutschrein, Bleiglasfenster und Fachwerkhäuser in der Altstadt

tall. In Höhe der Zufahrtsschranke steht eine Bronzeskulptur des Havelberger Künstlers Bernd Streiter. Die Skulptur stellt die »Kleine Dott« dar und geht zurück auf das Buch »Die wunderbaren Fahrten und Abenteuer der kleinen Dott« der deutschen Schriftstellerin Tamara Ramsey. In Anlehnung an »Nils Holgerssons wunderbare Reise mit den Wildgänsen« von Selma Lagerlöff verarbeitet Ramsay Märchen- und Sagenmotive der Prignitz in Verbindung mit historischen Ereignissen, geografischen und biologischen Informationen und wurde so zu einem Maskottchen der Prignitz.

Stadtpfarrkirche St. Nikolai und ehemalige Wunderblut-Wallfahrtskirche
An der Nikolaikirche, 19336 Bad Wilsnack. Tel.: 0174 4568789, www.wunderblutkirche.de

Kristall Kur- und Gradier-Therme
Am Kähling 1. Tel.: 038791-80880, https://kristalltherme-bad-wilsnack.de/

Stadtinformation Bad Wilsnack
Bahnhof 1. Tel.: 038791 2620, www.bad-wilsnack.de/index.php/stadtinfo

BIOSPHÄRENRESERVAT FLUSSLANDSCHAFT ELBE-BRANDENBURG

Das Biosphärenreservat Flusslandschaft Elbe-Brandenburg erstreckt sich am Ostufer der Elbe zwischen Dömitz im Nordwesten und Quitzöbel im Südosten mit einer Länge von 70 Kilometern und ist Teil eines weltweiten Geflechtes von über 700 Biosphärenreservaten der UNESCO. Die Elbe ist eines der wenigen noch recht naturnahen Flusssysteme Europas. Die Landschaft wird geprägt durch Überschwemmungsflächen, Wiesen und Weiden, Auwälder, Binnendünen, Moore etc. Diese sehr unterschiedlichen Lebensbedingungen begünstigen seltene Pflanzen und Tiere, die sich an der Elbe und den Nebenflüssen Karthane, Löcknitz und Stepenitz angesiedelt haben. Die UNESCO hat 1997 das 533 km² (53300 ha) große Gebiet als schützenswerte Landschaft anerkannt und 1999 erfolgte die Bekanntmachung als Biosphärenreservat. Allein ornithologisch ist das Gebiet hochinteressant: über 100 Weiß- und Schwarzstörche nisten jedes Jahr hier, es gibt eine große Anzahl z. B. an verschiedenen Gänsearten,

Flusslandschaft im UNESCO-Biosphärenreservat

Kranichen, Singschwänen, Raufußbussarden, Kornweihen und Seeadlern. Das Gebiet ist ein bedeutendes Rast-, Überwinterungs- und Durchzugsgebiet für Vögel. Jüngste Kartierungen der Naturwacht Brandenburg bestätigen, dass hier nach langer Zeit wieder sehr seltene Pflanzenarten angesiedelt sind.

Biosphärenreservat Flusslandschaft Elbe-Brandenburg
https://www.elbe-brandenburg-biosphaerenreservat.de/

BLÜTHEN

Dorfkirche, Museum Landpfarrhaus, Dorfmuseum

Das breite Straßendorf Blüthen wurde 1325 erstmals urkundlich erwähnt und stand unter wechselnder Herrschaft, u. a. derer von Quitzow, ab 1809 derer von Voss und später bis 1945 derer von Stavenow.

Zwischen Pfarrhaus und Dorfmuseum ist von der Straße aus zunächst der Ostgiebel der Kirche zu sehen. Hier ist in die Feldsteinmauern der Saalkirche aus der ersten Hälfte des 16. Jahrhunderts eine Dreifenstergruppe eingebaut. Darüber erhebt sich ein geschmückter Staffelgiebel aus Backsteinen mit Stichbogenblenden. Die Fenster und das Südportal sind neugotisch verändert worden. An der Westwand steht seit 1851 ein vorgesetzter quadratischer Kirchturm aus Fachwerk, der im oberen Bereich verbrettert ist. Innen befindet sich ein achteckiger barocker Kanzelkorb mit gedrehten Säulen. Besonders interessant ist ein Glasfenster im Nordosten der Kirche, das nach Entwürfen des bekannten Malers Wilhelm Steinhausen (1846–1924) entstand, dessen Bruder Pfarrer an der Kirche war. Werke auf Leinwand von Steinhausen finden sich auch in der Alten Nationalgalerie Berlin, der Galerie Neue Meister in Dresden und im Museum der bildenden Künste in Leipzig.

1863 wurde das eingeschossige Pfarrhaus in der Lindenstraße 20 nach den Standardrichtlinien für evangelische Pfarrhäuser errichtet und bis 1987 als solches genutzt. Im Pfarrhausmuseum kann das Landpfarrerleben anhand authentischer und rekonstruierter Einrichtungsgegenstände nachvollzogen werden. Es wird über das Dorfleben, die kirchlichen

Staffelgiebel der Blüthener Dorfkirche, Blick ins Kircheninnere, Studierstube im Pfarrhaus

Amtshandlungen und die einstigen Besitzenden des Rittergutes ebenso berichtet wie über den Kirchenkampf im Nationalsozialismus und die Opposition der Kirche in der DDR.

In der Lindenstraße 22 befindet sich das Dorfmuseum, das u. a. über die Prignitzer Landfrauen, die Landwirtschaft, die Dorfgeschichte und alte Feuerwehrtechniken informiert.

Pfarrhausmuseum
Lindenstraße 20, 19357 Karstädt-Blüthen. Besuch nur nach Anmeldung:
Mail: mail@pfarrhausmuseum.de, www.pfarrhausmuseum.de

Dorfmuseum Blüthen
Lindenstraße 22, 19357 Karstädt-Blüthen. Besuch nur nach Anmeldung:
Tel.: 038797 90845, 0151 20581295, Mail: dorfmuseum@gemeinde-karstaedt.de,
https://www.gemeinde-karstaedt.de/verzeichnis/objekt.php?mandat=18307

GADOW

Schloss und Park

Ein wohl früher existierendes Dorf Gadow ist im Mittelalter wüst gefallen (wüst = aufgegeben, verfallen). 1500 wird Gadow das erste Mal urkundlich als Wohnsitz des Knappen von Möllendorf erwähnt. Ab 1608 war Gadow Rittersitz derer von Möllendorf, die wohl bis 1945 hier wohnten. Bereits 1801 wurde ein Förster in Gadow erwähnt und heute befindet sich hier eine Oberförsterei. Ein Antrag der Familie von Möllendorf aus dem Jahr 1815 zur Umbenennung von Gadow in Möllendorf wurde vom König nicht genehmigt. Seit DDR-Zeiten wird der Ort zu Erholungszwecken genutzt.

Das Schlossgebäude geht auf einen barocken Bau zurück, der zwischen 1786 und 1800 entstand. 1804 bis 1816 gehörte Gadow dem Generalfeldmarschall Wichard Joachim Heinrich von Möllendorf (1724–1816). Dieser adoptierte kurz vor seinem Tod drei seiner Urgroßneffen, die fortan den Namen Wilamowitz-Möllendorf trugen. Der Vater der Adoptivsöhne hatte 1818 aus dem barocken Bau eine Dreiflügelanlage entstehen lassen und diese an der Front mit einer geschwungenen Rampe versehen. Ein weiterer Umbau erfolgte 1853 im klassizistischen Stil: Es gab u.a. neue Treppenhäuser und es wurde ein Mezzaningeschoss aufgesetzt. Mitte der 1950er Jahre und 1969 wurde das Schloss im Inneren zur Nutzung als Ferienheim des FDGB (Freier Deutscher Gewerkschaftsbund) umgebaut. Eine Restaurierung fand 2000/01 statt. Seit 1994 wird das Schloss als Ferienanlage für Kinder und Familien genutzt.

Der Park wurde ursprünglich 1701 angelegt und um 1800 umgestaltet. Erweiterungen erfolgten 1816. Von 1865 bis 1905 erfolgte durch Wichard Wilamowitz-Möllendorf eine Ausdehnung der Parkanlage inklusive einer Versuchspflanzung für die Forstwirtschaft mit überwiegend fremdländischen Gehölzen. Dabei wurde die hier verlaufende Löcknitz mit einbezogen. Es entstand ein Park mit Tiergarten, Eiskeller, Gewächshaus, Forsthaus, Pferdeställen und einem Mausoleum. Das Mausoleum wurde für den Generalfeldmarschall, lange Zeit Freund und Vertrauter von König Friedrich II., errichtet. Es entstand 1816 in Form eines griechischen Tempels als frühklassizistisches Bauwerk mit dorischen Säulen, Architrav, Dreiecksgiebeln und Rundbogennischen auf einem Grundriss

Zum Schloss Gadow gehört ein großzügiger Park.

von 12 mal 12 Metern nach Plänen des Berliner Architekten Salomo Sachs. Die 150 Jahre alten Douglasienbestände im Park sind von besonderem Interesse, da es sich um einen ersten großflächigen Anbauversuch dieser aus Nordamerika stammenden Baumart handelt. Der Park steht unter Schutz und ist Bestandteil des FFH-Gebietes (geschützt nach der Flora-Fauna-Habitat-Richtlinie der EU) Löcknitztal.

Schloss Gadow und Park
Lindenallee 1, 19309 Gadow. Tel.: 038780 50810, www.schloss-gadow.de

GROSS BREESE

Geschützte historische Dorfanlage aus dem 19. Jahrhundert

Das alte Runddorf Groß Breese wurde 1406 erstmals urkundlich erwähnt und brannte bei einem Großfeuer am 4. April 1840 vollkommen nieder. Innerhalb kürzester Zeit wurde der Ort noch im gleichen Jahr 500 Meter nördlich der alten Dorfstelle als ein Straßendorf neu angelegt. Um Überschwemmungen durch die Elbe und ein erneutes Feuer zu verhindern, wurde nun in einem großzügigen Raster mit Dreiseithöfen und Gärten gebaut. Es entstanden 26 gleiche Hofstellen sowie ein Schulzenhaus, ein Pfarrhaus und eine Schule. Die Verlosung der Grundstücke wurde durch den Landrat durchgeführt. Auf beiden Seiten der breiten Straße wurden je drei Reihen Bäume gepflanzt.

Die Dorfkirche ist ein romanisierender Backsteinbau mit Westturm und kleiner polygonaler Apsis. Sie entstand 1879 nach Plänen des Kreisbaumeisters Heinrich Carl Hermann Toebe aus Perleberg. Im Inneren gibt es zwei Bildtafeln von 1697 aus der alten Dorfkirche.

Dorfkirche Groß Breese
Schlüssel im Pfarrhaus bei Fam. Treutler, Groß-Breeser-Allee 11,
19322 Breese OT Groß Breese. Tel.: 03877 74699

GRUBE

Fachwerkkirche, Schloss – letztes vollständig erhaltenes Gutshaus der Familie von Quitzow

Das Rundlingsdorf Grube wurde 1376 das erste Mal urkundlich erwähnt. Davor und bis 1817 war es im Besitz der Familie von Quitzow. Danach übernahm die Gemeinde das Gut. 1846 hatte das Dorf 52 Häuser, 1931 gab es 64 Wohngebäude.

Die Kirche in Grube ist ein schlichter Fachwerkbau mit verputzten Ausfachungen aus dem Jahr 1577 (nach dendrologischen Untersuchungen). Der Turm hat ein verbrettertes Obergeschoss und einen oktogonalen verschieferten Helm. Innen befindet sich eine Holzbalkendecke mit Zugang zur Patronatsloge für die von Quitzows, die mit Malereien, Wap-

Die Fachwerkkirche in Gube stammt aus dem 16. Jahrhundert.

pen und den Jahreszahlen 1733 und 1747 versehen ist. Der spätgotische Schnitzaltar enthält Figuren und Gemälde. Die Kanzel mit Schalldeckel stammt aus dem Jahr 1699 und die kleine Orgel von 1843, vermutlich von Berger de la Rivoire aus Perleberg (nach einer Inschrift im Prospekt). Sie wurde 1987 durch Wolfgang Nußbrücker aus Plau am See umgebaut.

Das Schloss ist heute das letzte vollständig erhaltene Gutshaus der Familie von Quitzow. Es geht zurück auf einen Vorgängerbau aus der Zeit um 1740, der seinerseits wohl auf einem älteren Festen Haus (Bau mit starken Mauern) gebaut wurde. Nachdem 1817 die Quitzows das Gut verlassen hatten, wurde zunächst die Gemeinde Eigentümer, die es 1872 an die Familie Polzin verkaufte. 1889 erwarb Busso Gans Edler Herr zu Putlitz das Gut und ließ das Schloss umbauen. Im Dach entstanden Gauben, um das Dachgeschoss nutzbar zu machen, das Haus wurde nun durch Mittelflure erschlossen, die Fassade überarbeitet und ein Mittelrisalit gestaltet. Ab 1919 war Familie Kamlah im Besitz des Gutes. Sie ließ Kellergeschosse zu einer besseren Nutzung ausbauen und das ehemalige Gutsbüro im Erdgeschoss mittels Wanddurchbruch zum vergrößerten Salon umgestalten. 1945 folgte die Enteignung und Umgestaltung der Gutsanlage. Das Schloss selbst erhielt verschiedene Nutzungen in der DDR: Heim für Flüchtende, Bürgermeisteramt, Jugendklub, Konsum, LPG-Küche. Hierfür erfolgten verschiedene bauliche Veränderungen. So wurden u.a. in den 1960er Jahren die Dachgauben entfernt und der historische Fußboden teilweise durch Fliesen ersetzt. 1977 wurde das Gebäude unter Denkmalschutz gestellt und 2008 bis 2012 erfolgte die denkmalgerechte Sanierung. Heute befindet sich hier ein Hotel mit Gastronomie und ein Veranstaltungsort.

Schlosshotel Grube
Gruber Dorfstraße 24, 19336 Bad Wilsnack OT Grube. Tel.: 038791 801748, www.schloss-grube.de

HAVELBERG

Dom, Prignitzmuseum, Kirche St. Laurentius, Rathaus

Nachdem 929 Heinrich I. ein Vorstoß ins slawische Besiedlungsgebiet gelang, wurde kurz danach das Gebiet um Havelberg erobert. Nach dem Slawenaufstand 983 ging es wieder verloren, bis es durch Albrecht den Bären 1136/37 endgültig unter die Reichsgewalt gebracht wurde. 946 erfolgte die erste urkundliche Erwähnung Havelbergs. 1170 wurde der Dom geweiht. Die ursprünglich unterhalb des Dombezirkes, auf einer Landzunge an der Havel gelegene Stadt wurde durch einen Graben zur Inselstadt. Zusätzlich wurden Häuser entlang des Abhangs parallel der Havel und des Abhangs als sogenannte Berggemeinden errichtet. Der Dombezirk gehörte zur einen Hälfte dem Bischof und zur anderen Hälfte dem Markgrafen. Vermutlich 1270 verlegten die Bischöfe ihren Sitz nach Wittstock und beließen ihn dort bis zum Tod des letzten Bischofs 1548. Die Inselstadt wurde entsprechend der Topografie in runder Form mit einem rechtwinkligen Markt an der höchsten Stelle angelegt. An drei Brücken existierten Stadttore in Richtung Süden, Nordwesten und Nordosten. Der Dombezirk war mit einer eigenen Befestigung versehen. Zu ihm gehörten auch die unterhalb am Wasser liegenden »Berggemeinden«, die zusammen mit dem Dombezirk 1876 und mit der Inselstadt zu einer Stadt

Imposante Kulisse: Der Dom St. Marien in Havelberg

vereint wurden. Ab 1359 war Havelberg 200 Jahre lang Mitglied der Hanse. Der Handel war ein wichtiger Wirtschaftsfaktor. Es wurde z. B. Holz und Getreide nach Hamburg verschifft. Hinzu kamen die Fischerei und der Schiffbau. Auf der kurfürstlichen Werft wurden mehr als 15 seetüchtige Schiffe gebaut. Es war die Zeit, als Brandenburg Kolonialmacht werden wollte, und so entstand 1779 die Königliche Seeschiffswerft.

Bereits 1651 war Havelberg kurfürstliches Salzregal. 1748 gab es den ersten des inzwischen traditionellen Pferdemarktes. In mehreren Kriegen hat Havelberg stark gelitten (im Dreißigjährigen Krieg 1618–1648, im Siebenjährigen Krieg 1758, in den Napoleonischen Kriegen 1806–1815), ebenso durch immer wiederkehrende Überschwemmungen. 1870 legte ein Brand einen großen Teil der Stadtinsel in Schutt und Asche. Durch eine Verlagerung der Warenströme auf die an Havelberg vorbeigeführten Bahnstrecken wurde die industrielle Entwicklung der Stadt gehemmt. Erst 1890 erhielt Havelberg einen Bahnanschluss durch einen rund neun Kilometer langen Abzweig der Berlin–Hamburger Eisenbahn ab Glöwen. Der Bahnanschluss ging 1971 wieder verloren.

Nach Ausbruch des Ersten Weltkrieges entstand zunächst ein Kriegsgefangenenlager, das dann in ein Internierungslager, auch für Zivilisten aus Ländern, mit denen Deutschland im Krieg stand, umgewandelt wurde. 1915 starben viele Menschen, die zunächst auf dem Jungfernfriedhof und dann auf einem neu angelegten Internierungsfriedhof bei Müggenbusch begraben wurden, durch einen Fleckfieberausbruch. Ab 1934 existierte im Wald von Havelberg ein Hachschara-Lager zur Vorbereitung von Menschen jüdischen Glaubens auf die Ausreise nach Palästina. Die bei der Auflösung des Lagers 1941 verbliebenen 19 Jugendlichen wurden Opfer des Holocausts. Im Zweiten Weltkrieg erlitt Havelberg Schäden durch Sprengung der Brücken und Artilleriebeschuss. 1952 wurde Havelberg dem Bezirk Magdeburg zugeschlagen und 1990 dem Land Sachsen-Anhalt, trotz der jahrhundertelangen Tradition als Prignitzstadt in Brandenburg. Eine 1990 im Stadtrat durchgeführte Abstimmung mit dem Ziel, wieder Brandenburg angegliedert zu werden, ging knapp zugunsten von Sachsen-Anhalt aus. Seit 1994 gehört Havelberg zum Kreis Stendal und nennt sich seit 2008 »Hansestadt Havelberg«.

Der Dom St. Marien wurde 1170 durch Bischof Wichmann von Magdeburg geweiht. Für den Orden der Prämonstratenser entstand eine schlichte Basilika, die 1279 nach Brandschatzung zerstört wurde. Die Bischöfe hatten ihren Sitz bereits neun Jahre vorher nach Wittstock verlegt. Bis 1330 wurde der Kirchbau in gotischen Formen wieder aufgebaut und ein Kreuzrippengewölbe eingebaut sowie die halbrunde Apsis zu einem 5/8-Polygon umgestaltet. Um 1400 erfolgte der Einbau des Lettners (Trennung des Kirchenraumes in den Laienbereich und den klerikalen Bereich) mit seitlichen Chorschranken aus kunstvoll verziertem Sandstein. Zu der reichhaltigen Ausstattung des Domes gehören mittelalterliche Glasmalereien, verschiedene prunkvolle Grabanlagen, Sandsteinleuchter, das Chorgestühl, ornamentale Deckenmalereien von 1330, der Renaissance-Taufstein von 1588, die Barockkanzel von 1693 sowie der monumentale Barockaltar von 1700 mit der Darstellung des Abendmahles. Die Orgel stammt aus dem Jahr 1777 von dem Orgelbauer Gottlieb Scholtze aus Ruppin, einem Schüler des Orgelbauers Joachim Wagner.

Schrittweise erfolgte die Auflösung des Bistums Havelberg auch durch die Verbreitung der Reformation: Umwandlung des Prämonstratenser-Stiftes 1506 durch Kurfürst Joachim I. in ein weltliches Kapitel,

Das Havelberger Rathaus

1581 Einzug der Reformation mit neuen evangelischen Statuten, Auflösung des Domstiftes 1819, Enteignung der Stiftsgüter zugunsten des preußischen Staates und Umwandlung in ein staatliches Domänenamt. Die Domkirche und die anliegenden Bauten blieben erhalten. Im 19. und 20. Jahrhundert wurden umfangreiche Sanierungsarbeiten durchgeführt. Seit 2017 gehört der Dom zur Kulturstiftung Sachsen-Anhalt. Die Domkirche wird durch die St.-Marien-St.-Laurentius-Gemeinde für evangelische Gottesdienste genutzt. In der Klosteranlage finden auch katholische Gottesdienste und Kulturveranstaltungen statt. Seit 1904 befindet sich hier zudem das Prignitz-Museum. Als kirchen- und regionalgeschichtliches Museum informiert es über die Siedlungsgeschichte der Prignitz, der Altmark und des Elb-Havel-Winkels.

Der Ostflügel der Klosteranlage wurde um 1200 erbaut und gehört zu den ältesten romanischen Backsteinbauten Norddeutschlands. Der südliche Teil der Klosteranlage entstand Anfang des 13. Jahrhunderts und der westliche Teil Ende des 14. Jahrhunderts. Damit umschloss der Kreuzgang den Klosterhof.

Barocker Altar im Dom, traditioneller Pferdemarkt, Stadtkirche St. Laurentius

Ein Vorgängerbau der Kirche St. Laurentius, auch Stadtkirche genannt, existierte wahrscheinlich schon im späten 12. Jahrhundert. Eine erste schriftliche Erwähnung gibt es um 1340. Es handelt sich um ein dreischiffiges Hallenbauwerk mit einem in fünf Seiten des Achtecks geschlossenen Chor. Im Laufe der Jahrhunderte gab es durch Kriege, Brände und Bauschäden aufgrund des weichen Baugrundes immer wieder Baumaßnahmen am Gebäude. Umfassend mit zahlreichen Veränderungen restauriert wurde die Kirche 1854 unter Leitung des Baumeister Carl Schüler. Dabei wurde auch die nördliche Johanneskapelle durch ein neugotisches Portal ersetzt. Zuletzt gab es Sanierungs- und Restaurierungsarbeiten 2013/14, im Vorgriff auf die ein Jahr später ausgerichtete Bundesgartenschau, zu der die Kirche für wechselnde Blumenschauen genutzt wurde.

Wesentliche Ausstattungsgegenstände im Innenraum sind ein Sakristeischrank aus dem 15. Jahrhundert, Grabplatten aus dem 16., 17. und 18. Jahrhundert, Gemälde aus dem 17. und 18. Jahrhundert, die Spätrenaissancekanzel aus dem 17. Jahrhundert, der bronzene Taufständer aus dem 18. Jahrhundert sowie die Orgel von Gottlieb Scholtze aus Ruppin von 1854 und die hölzerne Empore. An den massiven Westturm wurde in der zweiten Hälfte des 15. Jahrhunderts ein zweistöckiger Vorbau mit Türmerwohnung angebaut (Türmer wohnten im Turm und warnten vor Feuer oder feindlichen Angriffen.). Der Turm erhielt 1660 seine barocke Haube.

Bereits 1310 gab es ein Rathausgebäude in Havelberg mit einer 1420 angebauten Gerichtslaube. Weitere neue Rathäuser wurden im 17. Jahrhundert, u.a. wegen kriegerischer Zerstörungen, neu gebaut. 1854 entstand ein klassizistischer Putzbau, der heute noch vorhanden ist, aber sein Aussehen durch Umgestaltungen und Erweiterungen 1934/36 erhielt. In die Anlage ist jetzt auch die ehemalige Ratsapotheke durch einen Verbindungsbau integriert. 1995/96 erfolgte eine Sanierung. Markant an dem Gebäude ist ein aufwendiges gebälkartiges Gesims mit profilierten Konsolen und mit Kassettierung.

Im weiteren Stadtgebiet gibt es eine Vielzahl historischer Bauten, die unter Denkmalschutz stehen.

Dom St. Marien, Klosteranlage und Prignitzmuseum
Domplatz, 39539 Havelberg, Eingang über dem Domladen – Paradiessaal.
Tel.: 01522 7661989, www. havelberg-dom.de

(Stadt)Kirche St. Laurentius
Kirchplatz 1, 39539 Havelberg. www.havelberg-dom.de/havelberg-stadtkirche-st-laurentius/

Touristinformation Havelberg
Uferstraße 1, 39539 Havelberg. Tel.: 39387 79091, Mail: tourist-information@havelberg.de, www.havelberg.de/de/touristinformation.html

Havelberger Pferdemarkt
Der Pferdehandelsplatz befindet sich linksseitig am Schleusenweg hinter den Sportstätten Elbstraße 3, 39539 Havelberg. www.havelberg.de/de/pferdehandelsplatz.html

LANZ

Kirche, Gedenkstätte für Friedrich Ludwig Jahn, der in Lanz geboren wurde

Das große Runddorf wurde 1325 das erste Mal urkundlich erwähnt. Im 15. und 16. Jahrhundert waren die von Quitzows Besitzer des Dorfes, später die von Möllendorfs. Die Menschen hier lebten von Ackerbau und Viehzucht.

Die Feldsteinkirche Lanz in der Mitte des Rundlingsdorfes wurde im 15. Jahrhundert mit einem Fachwerkgiebel an der Westseite neu gebaut, nachdem der Vorgängerbau abgebrannt war. 1701 erfolgten ein Umbau und eine Erweiterung nach Osten. Der hölzerne Kirchturm mit einem achtseitigen Pyramidendach besteht aus zwei Elementen: der inneren Holzkonstruktion von 1476 und der äußeren von 1651. Aufgrund der sehr alten Innenkonstruktion zählt dieser Kirchturm zu den ältesten in Norddeutschland. Der Kanzelaltar ist von 1701; an der Kanzelbrüstung befinden sich Bildnisse der vier Evangelisten. Der barocke Taufengel stammt ungefähr aus der gleichen Zeit, die Emporen von 1785. Das Gestühl der Kirche wurde teils um 1450 (Spätgotik) und teils um 1500 (Frührenaissance) hergestellt.

In Lanz wurde Friedrich Ludwig Jahn am 11. August 1778 als Sohn der Pfarrersfamilie geboren. Bis zu seinem 13. Lebensjahr wurde er zu Hause von seinem Vater unterrichtet und besuchte dann Schulen in Salzwedel und Berlin, die er ohne Abschluss verließ. Er studierte theologische, historische und deutschkundliche Themen an verschiedenen Universitäten und arbeitete später, da er die Prüfung nicht bestand, in Berlin als Hilfslehrer am Gymnasium zum Grauen Kloster und der Plamannschen Erziehungsanstalt. 1810 war er Mitbegründer des »Deutschen Bundes«, eines patriotischen Geheimbundes und Vorläufer der Burschenschaften. Als Lehrer in Berlin zog er mit seiner Schülerschaft in die Hasenheide, um zu turnen, so dass dort schließlich 1811 der erste deutsche Turnplatz nach dem Vorbild GutsMuths mit Geräten entstand. Für Jahn war die Turnerei Volkserziehung im paramilitärischen Sinne mit dem Ziel der Befreiung Preußens von den Napoleonischen Truppen, der Gründung eines deutschen Nationalstaates und der Überwindung der feudalen Ordnung. Aufgrund dieser Haltung kam es nach den Befreiungskriegen zu Konflikten mit der Obrigkeit, so dass das Turnen 1820 offiziell verboten und Jahn

Dorkirche in Lanz, Friedrich-Ludwig-Jahn-Gedenkstätte und Denkmal für den Turnvater

des Hochverrats verdächtig inhaftiert wurde. 1825 ging er nach seiner Freisprechung nach Freyburg/Unstrut, wurde 1848 Parlamentarier in der Frankfurter Paulskirche und wandte sich von der zunehmend demokratisch gesinnten Turnerschaft ab. Das Turnverbot war 1842 aufgehoben worden. Jahn starb 1852 in Freyburg. Wegen seiner nationalistischen, antisemitischen und rassistischen Äußerungen ist er nicht unumstritten.

Dorfkirche Lanz
Evangelisches Pfarramt Lenzen-Lanz-Seedorf, Am Ring 3, 19309 Lanz,
Tel.: 038780 7327, Mail: Ev.Pfarramt.Lanz@kirchenkreis-prignitz.de,
www.kirche-lenzen-lanz-seedorf.de/kontakte.php

Friedrich-Ludwig-Jahn-Gedenkstätte
Am Ring 21, 19309 Lanz, Tel.: 038780 7210, 0172 3874208, Voranmeldung für alle gewünschten Besuchszeiten von Montag bis Sonntag erbeten.

LENZEN

Burg mit Museum, Kirche, Altstadt, Grenzturm

Lenzen wurde erstmals 929 in einer Urkunde erwähnt und ist damit die älteste Stadt der Prignitz. Bereits im 8. Jahrhundert siedelten in der wasserreichen Niederung von Elbe, Löcknitz und Elde slawische Menschen und errichteten hier eine Burg. 929 übernahmen sächsische Truppen die Herrschaft bis zum Slawenaufstand 983. Vor 1219 gehörte Lenzen den Grafen von Schwerin, die die Gans Edlen Herren zu Putlitz damit belehnten. Danach übernahmen die Markgrafen von Brandenburg die Herrschaft. Es folgten vielfache Wechsel der Besitzverhältnisse, so dass auch zeitweise die von Quitzows hier saßen. Westlich der Burg entstand eine frühe städtische Siedlung um die St. Nikolaikirche herum. Die Stadt hatte einen ursprünglich ovalen Grundriss mit einer gitterförmigen Führung der Straßen und zwei Stadttoren: Berg- und Seetor. Im Spätmittelalter wurde die Stadtmauer verlegt und die Stadt mit einem weiteren Tor, dem Heidetor, vergrößert. Die Mauer und die Tore waren im 18. Jahrhundert verfallen und sind im 19. Jahrhundert, bis auf Reste wie dem Stumpfen Turm in der Berliner Straße, abgebrochen worden. In diesen Jahrhunderten erfolgte auch eine Ausweitung des Stadtgebietes. Im 16. Jahrhundert avancierte Lenzen zum wichtigsten Elbzollort in Brandenburg. Feuersbrünste, Pestepidemien und kriegerische Auseinandersetzungen führten immer wieder zu Verwüstungen und menschlichem Leid. 1648 wurde Lenzen Knotenpunkt der Poststrecken Berlin–Hamburg und Magdeburg–Hamburg. 1649 wurden durch den Kurfürsten friesische und niederländische Fachleute zum Deichbau und zur Urbarmachung von Land angeworben. Zu den Zuziehenden gehörte Admiral Arnold Gijsels van Lier, der als Amtmann eingesetzt wurde. Er erlangte hohe Anerkennung, u. a. durch sein Wirken im Zusammenhang mit dem Deichbau, der Einführung regelmäßiger Schulbesuche der Kinder und der Einstellung der Hexenverbrennung. Er war von 1651 bis 1676 Pächter des Amtes Lenzen. 1767 wurde das Amt Lenzen mit Eldenburg zusammengelegt und der Amtssitz nach dort verlagert. Die Bedeutung von Lenzen sank in der ersten Hälfte des 19. Jahrhunderts durch die Verlegung des Wasserzolls nach Wittenberge und des Landzolls an die Chaussee Berlin–Hamburg (heute Bundesstraße 5). Bis Mitte des 19. Jahrhunderts war Lenzen eigenständiger Ge-

Burg Lenzen

Burghof mit Besucherzentrum und Hotel

richtsort, danach Zweigstelle des Kreisgerichtes Perleberg, von 1879 bis 1952 Sitz des Amtsgerichtes. 1874 erhielt Lenzen Anschluss an die Bahnstrecke Wittenberge–Buchholz, die seit Zerstörung der Elbbrücke Dömitz nicht mehr östlich der Elbe befahren und schließlich 1948 demontiert wurde. Nach dem Zweiten Weltkrieg gehörte Lenzen zunächst zum neu gebildeten Land Mecklenburg-Vorpommern und ab 1952 zum Bezirk Schwerin. Durch den Bau der Mauer lag Lenzen im Grenzgebiet und zahlreiche Menschen wurden zwangsausgesiedelt. Nach dem Fall der Mauer gehörte die Stadt zunächst zu Mecklenburg-Vorpommern und wurde nach einem Volksentscheid 1992 wieder Brandenburg angegliedert.

Die mittelalterliche Baugeschichte der Stadtkirche St. Katharinen ist nicht ganz geklärt. Es ist davon auszugehen, dass es bereits um 1300 einen Vorgängerbau gab. Der heutige Bau dürfte aus dem 14./15. Jahrhundert stammen, ist aber im Laufe der Zeit mehrfach verändert worden. Heute ist er eine gotische Hallenkirche mit Querschiff aus Backstein. Der Turm entstand 1751 bis 1760. Die Kirche ist im Inneren an den Gurtbogen der Gewölbe und den Schiffsarkaden mit einer spätgotischen Ma-

Die Stadtkirche St. Katharinen

lerei versehen. Diese zeitweise übertünchten Malereien wurden 1929 durch Robert Sandfort freigelegt und erneuert. Das Kreuzrippengewölbe stammt aus der Zeit um 1414. Durch den Einbau barocker Emporen Mitte des 18. Jahrhunderts wurde der Gesamteindruck des Raumes stark verändert. 1652 entstand der geschnitzte zweistufige Holzaltar. Älter hingegen ist das Taufbecken aus Bronzeguss. Das Becken der von Heinrich Grawert geschaffenen Taufe wird von vier Katharinenfiguren auf Löwenköpfen getragen und stammt aus dem Jahr 1486. Die Orgel, 1708 durch Arp Schnittger hergestellt, wurde 1747 als gebrauchtes Instrument in Hamburg gekauft. Nach einem Bauschaden am Turm, bei dem die Orgel in Mitleidenschaft gezogen wurde, stellte sie Gottlieb Scholtze 1759 unter Verwendung alter Teile neu her. Weitere Veränderungen folgten im 19. und frühen 20. Jahrhundert durch die Firmen Vogt aus Stendal und Schuke aus Potsdam. Die Firma Hüfken aus Halberstadt hat die Orgel 2005 bis 2007 wieder in ihren Originalzustand gebracht. Interessant sind auch verschiedene Grabsteine und Epitaphe aus dem 16., 17. und 18. Jahrhundert.

Ein ehemaliger Wachturm der DDR-Grenztruppen dient heute als Aussichtsturm.

Bereits in slawischer Zeit existierten bei Lenzen verschiedene Burgen. Infolge von Hochwasser und kriegerischen Handlungen wurden sie wiederholt zerstört und erneut aufgebaut. Bei Restaurierungsarbeiten von 2001 bis 2003 an den heutigen Gebäuden fand man Reste einer früheren Befestigung von 982. Die mittelalterliche Burg war vermutlich eine quadratische Anlage mit starken Mauern und von einem Wassergraben bzw. Sümpfen umgeben. Von der Stadt aus gab es einen Zugang über eine Zugbrücke. Das historische Burgtor und die historische Ringmauer wurden bis 1725 abgebrochen. Aus dieser Zeit stammt auch das südlich des Turmes gelegene Amtshaus, das aus dem Material der Burgmauer errichtet wurde. Der von Säulen getragene Balkon wurde 1922 hinzugefügt. Das südliche Seitengebäude stammt aus dem Jahr 1726. Der Bergfried selbst wurde aus Feldsteinen errichtet, die mit Backsteinen verblendet sind, und datiert vermutlich aus dem Ende des 13. Jahrhunderts. Nördlich schließt sich eine Fachwerkscheune an, die 1700 errichtet und 1961 zum Museum umgebaut wurde. Im Laufe der Geschichte wechselten in der Burganlage vielfach die Besitzverhältnisse. 1953 wurden die Besitzer von der DDR enteignet und die Burg als Altersheim genutzt. Nach der Einheit Deutschlands erhielt Frau Kreckel, geb. Renner, die Burg als Eigentum der Familie zurück und schenkte sie 1993 dem BUND (Bund für Umwelt- und Naturschutz), mit der Auflage, sie im Sinne des Natur- und Umweltschutzes zu erhalten. Das vom BUND betriebene Zentrum für Besuchende informiert mit Dauer- und Sonderausstellungen zur Natur- und Kulturgeschichte der Elbtalaue und bietet vielfältige Veranstaltungen an. Südlich der Burg befinden sich ein kleiner Terrassengarten und im Parterre eine neobarocke Buchsbaumbepflanzung und ein Teehaus. Der Garten wurde in den 1920er Jahren durch die Berliner Gartenbaufirma Späth angelegt.

Das zweigeschossige Rathaus von 1713 steht auf den Resten der Vorgängerbauten (Kreuzgratgewölbe im Keller). Am Turm des Gebäudes mit verschiefertem Helm befindet sich eine Uhr mit der Besonderheit, dass es sich um eine Einzeigeruhr, mit lediglich einem Stundenzeiger, handelt.

In der Altstadt von Lenzen gibt es noch zahlreiche Häuser aus dem 17. und 18. Jahrhundert. Unter Denkmalschutz steht ein Ensemble in der Berliner Straße 1–8, ebenso Häuser in der Hamburger Straße, der Kellerstraße und der Neustadtstraße.

An der Elbe, an der Fähre von Lenzen nach Pevesdorf, steht ein ehemaliger Grenzwachturm der DDR zur Sicherung der Grenze nach Niedersachsen. Der Turm aus den 1980er Jahren steht inzwischen unter Denkmalschutz und erinnert an die innerdeutsche Grenze.

Burg Lenzen
Burg Lenzen mit Besucherzentrum (Dauerausstellungen und wechselnde Sonderausstellungen), Burgstraße 3, 19309 Lenzen. Tel.: 038792 1221, Mail: info@burg-lenzen.de, www.burg-lenzen.de

ahead burghotel Lenzen
Burgstraße 3, 19309 Lenzen. Tel.: 038792 5078300, Mail: hallo@aheadhotel.de, www.aheadhotel.de

Grenzwachturm Lenzen
Tel.: 038791 98013, Mail: Elisa.Igersheim@LfU.Brandenburg.de

Touristinformation Lenzen
Stumpfer Turm, Berliner Straße 7, 19309 Lenzen. Tel.: 038792 7302, Mail: lenzen-info@t-online.de, www.amtlenzen.de/seite/156516/tourismusinformation.html

MELLEN

Megalithgrab, Rambower Moor

Am Ortsausgang von Mellen, gegenüber der Karstädter Straße 16, befindet sich ein Großstein- oder auch Megalithgrab. Die Grabanlage hat eine Länge von 22 Metern, ist 8 Meter breit und wurde von großen Steinen eingefasst, von denen noch 17 erhalten sind, wenngleich auch nicht immer in ihrer ursprünglichen Lage. Im Zentrum befand sich die Grabkammer, in der die Leichname in mumifizierter Form oder auch als Knochenbündel mit wertvollen Grabbeigaben wie Waffen, Schmuck oder Keramik beigesetzt wurden. Die Grabkammer war ursprünglich mit sechs Decksteinen abgedeckt, von denen heute infolge von Steingewinnung im 19. Jahrhundert nur noch drei vorhanden sind. Ursprünglich war über dem Grab ein Hügel aufgeschüttet. Das Grab wurde noch nicht wissenschaftlich untersucht, die Grabkammer aber vermutlich im 19. Jahrhundert zerstört. Derartige Gräber waren in der Zeit von 3000 bis 2500 v. Chr. in Europa üblich. Sie wurden über längere Zeit genutzt und für jede Bei-

Das einzige erhaltene Megalithgrab in der Prignitz steht seit 1887 unter Denkmalschutz.

setzung geöffnet. In der Prignitz ist dies das letzte erhaltene seiner Art und steht schon seit 1887 unter Denkmalschutz.

Direkt vom Großsteingrab führt ein Weg in das Rambower Moor. Es ist eines der schönsten Durchströmungsmoore Brandenburgs, hat eine Fläche von 4,5 km² (450 ha) und steht seit 1990 unter Naturschutz. Verschiedene Quellen speisen das Moor. Das Wasser durchströmt es und wird im Nunsdorfer Kanal gesammelt, um von dort in den Rudower See zu fließen. Im Winterhalbjahr nutzen Tausende Kraniche und Wildgänse den flachen Rambower See im Zentrum des Moores als Schlafplatz. Das ganze Jahr über sind hier seltene und bedrohte Pflanzen- und Tierarten zu sehen, besonders gut vom rund 12 Kilometer langen Rundwanderweg mit Vogelbeobachtungsstationen aus.

Megalithgrab
Gegenüber Karstädter Straße 16, 19309 Lenzen, an der L13, www.landkreis-prignitz.de/de/zu-gast-im-landkreis/tourismus/zao/zao_mellen.php

Rambower Moor
www.elbe-brandenburg-biosphaerenreservat.de/erleben-lernen/aktiv-in-der-natur/wandern/zweiseitenweg-rund-um-das-rambower-moor/

MÖDLICH

Kirche mit Alabasteraltar

Das Marschhufendorf Mödlich liegt ganz im Nordwesten der Prignitz in der Elbtalniederung. Marschhufendörfer sind als planmäßige Anlage in Uferrandzonen durch Eindeichung an der Nordseeküste oder den Unterläufen großer, in die Nordsee mündender Flüsse entstanden. Das langgezogene Dorf erstreckt sich zwischen der Straße und dem Elbdeich. 1375 wird der Name Motelik, zur Burg Lenzen gehörend, urkundlich erwähnt. Immer wieder kam es zu großen Schäden durch Überschwemmungen. So ist z. B. die Kirche nach dem Hochwasser von 1888 Anfang der 1890er Jahre baulich verändert worden.

Ursprünglich stammt die Dorfkirche aus der Zeit 1486 bis 1500. Es handelt sich um einen Saalbau mit leicht eingezogenem, gerade geschlossenem Chor. An der Ostwand befindet sich ein Pfeilergiebel mit gekuppelten Blenden, an der Westwand ein hölzerner Turm von 1659 und an der Südseite eine quadratische Vorhalle mit Blendengiebel. Im Inneren findet sich eine ungewöhnlich reiche Ausstattung, wie z. B. der bemerkenswerte Altaraufsatz von 1894. Hier sind sieben polychromierte Alabasterreliefs englischer Herkunft, vermutlich aus dem 15. Jahrhundert, zu bewundern. Zudem gibt es eine reich mit Intarsien und Schnitzereien versehene Kanzel von 1604, eine hölzerne Taufe von 1602 auf vier wappenhaltenden Löwen, ein geschnitztes Lesepult von 1729 und ein Gestühl mit geschnitzten Wangen, zum Teil von 1651. Auf dem Friedhof ist der niederländische Admiral und Amtmann Arnold Gijsels van Lier auf eigenem Wunsch begraben, der sich u. a. um den Deichbau in der Elbtalaue verdient gemacht hat. Sein Sarg und die Särge seiner Töchter stehen im Kirchturm. Auf dem Deich informiert eine Hinweistafel über sein Wirken. Im Ort befinden sich viele unter Denkmalschutz stehende Gehöfte, Hallenhäuser, Wohnhäuser und Ställe aus dem 18. und 19. Jahrhundert, teilweise mit Rohrdach.

Dorfkirche Mödlich
19309 Lenzen OT Mödlich. Zugang hinter Lenzener Straße 14 b. Die Kirche kann besichtigt werden auf Nachfrage bei Fam. Pawels unter 038792-502710.

PERLEBERG

Historische Altstadt mit Roland, Museen, Tierpark

Die Stadt Perleberg liegt auf einer durch Sandablagerungen entstandenen Insel zwischen dem Hauptarm der Stepenitz und einem Nebenarm. Spuren einer Besiedlung wurden schon vor 3000 Jahren entdeckt. Im 12. Jahrhundert entstand im Südwesten der Insel ein früher mittelalterlicher Wohnplatz. Diese Siedlung rund um den heutigen St.-Nikolai-Kirchplatz (Kirche im 18. Jahrhundert abgerissen) erhielt 1239 das Salzwedeler Stadtrecht und stand unter der Herrschaft der Familie Gans, die hier auch eine Burg besaß. Die Stadt lebte überwiegend von Handel und Handwerk. Über Land gingen die Verbindungen in die Altmark sowie nach Lübeck, Wismar und Rostock. Auf dem Wasserweg ging es über die damals schiffbare Stepenitz zur Elbe und nach Hamburg, so dass Perleberg im 14. Jahr-

Wohn- und Geschäftshäuser am Ufer der Stepenitz

hundert Mitglied der Hanse wurde. Dies machte einen Ausbau der Stadt nach Norden hin notwendig und es entstand ein weiterer mittelalterlicher Stadtkern rund um die heutige St. Jacobi Kirche mit Marktplatz und Rasthaus, der sich als neues Zentrum entwickelte. Nach dem Aussterben der Perleberger Linie der Familie Gans fiel das Gebiet um 1300 an den Markgrafen von Brandenburg. Es folgten mehrere Besitzerwechsel. 1325 war Perleberg als Hauptstadt der Prignitz führend im Prignitzer Städtebund und Ort mehrerer Fürstentreffen. Wenngleich auch die Bedeutung der Stadt im 15. Jahrhundert zurückging, blieb Perleberg doch Zentrum der Prignitz. 1539 wurde die Reformation eingeführt und 1546 erhielt die Stadt das Prignitzer Landgericht. Im Dreißigjährigen Krieg hat Perleberg wiederholt durch Besetzungen und Plünderungen stark gelitten, zudem setzten verschiedene Pestepidemien der Stadt zu. Von beiden erholte es sich nur sehr langsam. Durch die Stationierung einer Garnison 1724 bestimmte fortan das militärische Leben die Stadt. Unter der französischen Besetzung ab 1806 litt Perleberg erneut. Bei der verwaltungsmäßigen Teilung der Prignitz wurde es Kreisstadt des neuen Kreises Westprignitz und konnte sich hierdurch wie auch durch den Bau der Chaussee Berlin–Hamburg (1827/30, heute Bundesstraße 5) wieder erholen. Zwar entwickelte sich im 19. Jahrhundert das Gewerbe in Perleberg, doch konnte sich keine Industrie herausbilden; nicht zuletzt, weil die Eisenbahn Berlin–Hamburg nicht über Perleberg, sondern über Wittenberge geführt wurde. Der Anschluss der Stadt an die Eisenbahn erfolgte 1885 mit der Strecke Perleberg–Pritzwalk–Wittstock (heute Prignitzexpress, RE 6).

1905 wurde ein Museum gegründet, um Exponate des Königsgrabes Seddin zeigen zu können, und es entstanden einige Kasernengebäude. Die Stadt litt unter der Inflation 1923, der Arbeitslosigkeit und der Weltwirtschaftskrise ab 1929. Nach der Regierungsübernahme durch die Nationalsozialisten wurden politische Gegner im Mai 1933 zunächst im Amtsgericht inhaftiert und am 29. Mai in ein frühes Konzentrationslager in Wagenhäuser des Artilleriedepots in der Feldstraße 37 (heute 98) gebracht. Die Insassen wurden gedemütigt, misshandelt, gefoltert und mussten Zwangsarbeiten in der Stadt verrichten. Am 28. Juni 1933 wurden 40 Gefangene in das KZ Oranienburg überführt. In den Kasernen der Stadt wurden Truppen stationiert und 1936 wurde bei Perleberg ein Militärflughafen errichtet. Der von Deutschland begonnene Zweite Weltkrieg forderte von Perleberg 501 Tote. Nach Ende des Zweiten Weltkrieges war die Stadt bis 1991 Garnison der sowjetischen Armee. Zudem war hier die Unteroffiziersschule »Egon Schultz« der Grenztruppen der DDR stationiert. 1952 wurde die Stadt Amtssitz des Kreises Perleberg und dem Bezirk Schwerin zugeordnet. Zur Belebung der Wirtschaft in der DDR wurden hier volkseigene Großhandelsbetriebe wie ein Schlachthof, eine gärtnerische Produktionsgenossenschaft und ein Ausrüstungskombinat für Geflügel- und Kleintieranlagen geschaffen. Mit der deutschen Einheit kam Perleberg nach einer Volksabstimmung wieder zu Brandenburg und ist seit 1993 Kreisstadt. Mit dem Abzug des Sanitätsbataillons der Bundeswehr endete 1997 die 300-jährige Tradition als Garnisonstadt. Seit 2016 führt Perleberg die Zusatzbezeichnung »Rolandstadt«.

Die Kirche, dem Heiligen Jakobus gewidmet, wurde das erste Mal 1239 urkundlich erwähnt. Die dreischiffige gotische Hallenkirche wurde in mehreren Abschnitten gebaut: der erste mit dem Feldsteinsockel in der ersten Hälfte des 13. Jahrhunderts, die Backsteinkirche mit dem Langhaus wohl um 1300 und der hohe Chor 1361. An der Nord- und Südseite

Die aus Elbsandstein gehauene Figur des Perleberger Roland auf dem Großen Markt

des Langhauses befinden sich je zwei geschmückte Portale, das östliche Südportal mit spätromanischen Formen. Der hohe Ostgiebel hat eine aufwendige Blendengliederung. Der Turm ist durch Blitzeinschläge und dadurch entstandene Brände im Laufe der Zeit mehrfach verändert worden. Seit dem letzten großen Brand 1916 trägt der Turm ein Satteldach. Das weiträumige Langhaus ist im Inneren durch die neogotische Umgestaltung von 1851 bis 1855 von Friedrich August Stüler gekennzeichnet. 1970/71 wurden unter der Orgelempore eine Winterkirche und eine Heizung eingebaut. Von 2002 bis 2004 fand eine weitere umfassende Restaurierung statt. Zu den bedeutenden Ausstattungsgegenständen gehören ein Kreuzigungsrelief im Turmeingang von 1361 (ursprünglich im Chor), ein fünfarmiger Leuchter von 1475 von Harmen Bonstede aus Hamburg mit drei Löwen am Fuß, zwei Kronleuchter im Mittelgang von 1685 (in Altarnähe), sowie Chorgestühl und Dreisitz aus der Zeit um 1400 (1851 verändert und ergänzt) und ein Epitaph des Bürgermeisters Konow mit der ältesten Stadtansicht von Perleberg aus dem Jahr 1694. Die Orgel wurde durch die Firma Johann Friedrich Turley aus Treuenbrietzen 1831 gebaut und hat ihr heutiges Aussehen bei der Gesamtrenovierung durch Stüler Mitte des 19. Jahrhunderts bekommen. Das Klangwerk wurde 1958 durch Jemlich Orgelbau (Dresden) neu eingerichtet, 1995 durch Firma Sauer (Frankfurt/Oder) renoviert und 2016 durch die Firma Dutschke (Salzwedel) generalüberholt.

An der östlichen Seite des Marktplatzes steht die gut 5,5 Meter hohe Rolandfigur. Rolandfiguren sind als Sinnbild städtischer Eigenständigkeit und Gerichtsbarkeit im Mittelalter aufgestellt worden. Laut Inschrift stammt die Sandsteinfigur aus dem Jahre 1546 und ersetzte eine vorherige hölzerne Figur. Der mit einer Plattenrüstung versehene Ritter hält mit seiner rechten Hand ein Schwert hoch. Gegen sein linkes Bein ist ein Schild mit dem Brandenburgischen Adler gelehnt. Er steht auf einem verwitterten achtseitigen Sockel mit einem Relief aus der Herkulessage.

In der Puschkinstraße 14 befindet sich das sogenannte Wallgebäude. Lange Zeit vermutete man hier die historische Gänseburg. Möglicherweise war an dieser Stelle auch schon eine slawische Burg. Der heutige Bau ist eine Vierflügelanlage, die sich um einen rechteckigen Hof gruppiert. Die erste Erwähnung des Walls geht auf das Jahr 1310 zurück. Der Kern der Anlage entstand wohl um 1600 und ist nach 1700 verändert worden. Das Gebäude, an vier Seiten bis 1852 von Wassergräben umgeben, wurde wohl als Gästehaus genutzt, später als Wohnhaus. Es folgten im Laufe der Zeit sehr verschiedene Nutzungen: Rüstkammer, Gefängnis, Unterkunft für Wachleute, Schule, Feuerwehrdepot etc. Heute befindet sich hier die Stadtbibliothek. Zwischen dem Gebäude und dem Nebenarm der Stepenitz befindet sich ein Wehrturm und ein letzter Rest der ehemaligen Stadtmauer aus dem 15. Jahrhundert.

Ein Rathaus wird in Perleberg erstmals 1347 erwähnt, an das Anfang des 15. Jahrhunderts eine Gerichtslaube angebaut wurde. 1837/39 wurde als Ostteil des Rathauses (zum Markt hin) nach Plänen von Carl Askan Stüler (Bauinspektor in Pritzwalk) und seinem Bruder Friedrich August Stüler ein Neubau in neogotischem Stil errichtet. Der Staffelgiebel wird von einem achtseitigen schlanken Rathausturm überragt. Der bereits vorhandene gotische Westteil (zur Kirche hin) mit Staffelgiebel und der Gerichtslaube wurde integriert. Diese war ursprünglich nach drei Seiten geöffnet und wurde 1889 zugemauert. Heute befindet sich hier der Trausaal. Darunter war früher der Ratskeller und darüber der große Sitzungs-

Der Turm der St. Jacobi-Kirche über den Dächern der Altstadt

saal, der heute von der Stadtverordnetenversammlung genutzt wird. Am Rathausgebäude steht zwischen den Eingängen zum Rathaus und dem Standesamt ein Bronzemodell der Perleberger Altstadt. Dieses von Egbert Broerken geschaffene Modell lädt zum Sehen, Fühlen und Tasten ein und ist auch mit Blindenschrift versehen.

In der Altstadt gibt es eine Reihe sehenswerter, unter Denkmalschutz stehender Gebäude. Ein eindrucksvolles Ensemble befindet sich am Kirchplatz und am Markt mit meist traufständigen, zweigeschossigen Fachwerkhäusern, zum Teil mit klassizistischen Fassaden. Ein besonders herausragendes Beispiel ist das 1525 errichtete Knaggenhaus, Großer Markt 4. Das ursprünglich als Kaufmannshaus, mit fünf Meter hoher Halle, genutzte Gebäude ist das letzte mittelalterliche giebelständige Fachwerkhaus der Stadt. Ein besonderer Blickfang sind die Spruchbalken, die Neidmaske und die 13 Knaggenfiguren. Oberhalb der Figuren sind Sprüche in Frühhochdeutsch angebracht, wie »Disteln und Dornen stechen sehr, eine falsche Zunge noch viel mehr. So will ich lieber in Disteln und Dornen baden, als mit einer falschen Zunge sein beladen.«

Auf den Balken zwischen den Figuren: »Sieh vor Dich. Treue ist misslich. Treue ist ein seltener Gast, wer sie kriegt, der halt sie fest.« In diesem Haus hatte einst auch der 1838 in Pritzwalk geborene Johann Friedrich Ludwig Wolff sein Geschäft für Getreide- und Mehlwaren. Er entwickelte neue Produkte und erhielt 1874 auf der »Internationalen Landwirtschaftlichen Ausstellung« in Bremen eine Bronzemedaille für die Herstellung von Grütze und Haferschleimmehl. Doch trotz seiner Innovationen lief das Geschäft schlecht und er verlor sein Unternehmen. 1910 starb der Erfinder der Haferflocken verarmt in Perleberg. Weitere historische Häuser stehen u. a. in der Bäckerstraße, Schuhstraße, am Schuhmarkt und in der Parchimer Straße. In der Poststraße 1/Ecke Großer Markt befindet sich das seltene Beispiel einer vollständigen Ladenausstattung (ehemalige Fleischerei) im Jugendstil. Die großen Fliesenbilder mit Weidemotiven und kunstvollen schmiedeeisernen Wandkonsolen in Blütenform wurden von der Firma Servais Werke bei Trier hergestellt und auf der Brüsseler Weltausstellung 1897 gezeigt. Im Auftrag des Fleischermeisters Albert Knìß wurde die Ladenausstattung 1905 eingebaut.

Die Opernsängerin Charlotte »Lotte« Lehmann wurde am 27. Februar 1888 in Perleberg geboren. Durch ein Stipendium konnte sie an der Hochschule für Musik Berlin studieren. Richard Strauss holte sie an die Wiener Hofoper, Puccini komponierte für sie. Seit 1918 gastierte sie an den bedeutendsten europäischen Musikbühnen. Neben Wien war ab 1927 Salzburg ihr wichtigster Wirkungsort. Bereits 1934 sang sie an der Metropolitan Opera in New York und verließ 1938 Österreich nach dem Anschluss an Deutschland mit ihrem Ehemann jüdischer Abstammung, zumal sie den Nationalsozialismus vehement ablehnte. Nach ihrem letzten Konzert 1951 betätigte sie sich als Autorin, Dichterin und Malerin. Sie starb am 26. August 1976 in Santa Barbara, Kalifornien, und wurde Anfang 1977 in einem Ehrengrab in Wien beigesetzt.

In der Puschkinstraße 13, am östlichen Rand der Altstadt, steht auf dem Grundstück des ehemaligen Karmeliterklosters St. Annen (es existierte 1441 bis 1541) das Gottfried-Arnold-Gymnasium (Gottfried Arnold, 1666–1714, ein Wegbereiter der Aufklärung). Der klinkerverkleidete, sparsam gegliederte Bau wurde 1861/64 nach einem von Baedecker und Friedrich August Stüler überarbeiteten Entwurf errichtet. Der hohe dreiachsige Mittelrisalit ist etwas schmuckvoller.

Das Stadt- und Regionalmuseum Perleberg, gegründet 1905, befindet sich am Mönchort 17. Es zählt, vor allem wegen seiner zahlreichen ur- und frühgeschichtlichen Exponate aus der Westprignitz, zu den bedeutendsten Museen Brandenburgs. 2002 wurde das Oldtimer- und Technikmuseum Perleberg in der Wilsnacker Straße 12 eröffnet und zeigt Exponate der Verkehrsgeschichte, u. a. ein Tandem-Motorrad von Cito und ein zur Flucht aus der DDR selbstgebautes Flugzeug mit einem Trabantmotor. In der Feldstraße 98a ist das DDR-Geschichtsmuseum im Dokumentationszentrum Perleberg untergebracht. Das Gebäude hat eine lange Geschichte des Militärs, als wildes Konzentrationslager und als sozialistische Einrichtung, u. a. für den polytechnischen Unterricht. Anliegen des Dokumentationszentrums ist es, die beiden deutschen Diktaturen darzustellen und Impulse für ein demokratisches Deutschland zu geben.

An der Wilsnacker Straße/Ecke Industriestraße befindet sich der seit 1964 bestehende Tierpark im Waldgebiet. Auf dem 15 Hektar großen Gelände leben rund 400 Tiere in zum Teil begehbaren Gehegen. Es gibt z. B. eine Braunbär- und eine Wolfsanlage sowie einen Streichelzoo.

St. Jacobi-Kirche
Kirchplatz, 19348 Perleberg. Schlüssel im Pfarramt Kirchplatz 5, Tel.: 03876 30681-0, Mail: st.jacobi@kirchenkreis-prignitz.de, www.kirchenkreis-prignitz.de/st-jacobi-kirche.html. Die St. Jacobi Kirche Perleberg ist täglich von Ostern bis Weihnachten geöffnet.

Stadt- und Regionalmuseum Perleberg
Mönchort 17, 19348 Perleberg. Tel.: 03876 781422, Mail: museum@stadt-perleberg.de, www.stadtmuseum-perleberg.de. Sonntags geschlossen.

DDR-Geschichtsmuseum im Dokumentationszentrum Perleberg
Feldstraße 98a, 19348 Perleberg. Tel.: 03876 616393, 0162 5887640, Mail: hans-peter.freimark@gmx.net, www.ddr-museum-perleberg.de. Im Winter geschlossen.

Tierpark Perleberg
Für die Eingabe ins Navigationsgerät: Industriestraße, 19348 Perleberg

Stadtinformation Perleberg
Großer Markt 12, 19348 Perleberg. Tel.: 03876 781522, Mail: infobuero@stadt-perleberg.de, www.stadt-perleberg.de/verwaltung/einheiten/2064/stadtinformation.html. Sonntags geschlossen.

PERLEBERGER HEIDE

Landschaft

Die Perleberger Heide ist eine ungefähr sieben Kilometer schmale und 56 Kilometer lange Landschaft in der Prignitz und verläuft parallel zur Elbe in nordwest-südöstlicher Richtung durch den ganzen Landkreis Prignitz. Sie ist damit Teil des Nordbrandenburgischen Platten- und Hügellandes. Die Landschaft besteht aus einer recht ebenen Talsandfläche des Elbe-Urstromtals mit einer durchschnittlichen Höhe von 25 bis 30 Metern, im Süden mit flachen Dünen. Durchquert wird dieses Gebiet von den Fließgewässern Karthane, Löcknitz und Stepenitz mit streckenweise noch naturnahen Bereichen. Die Perleberger Heide wird militärisch und forstwirtschaftlich genutzt, in Randbereichen auch landwirtschaftlich. In dieser Landschaft liegen mehrere FFH-Gebiete (geschützt nach der Flora-Fauna-Habitat-Richtlinie der EU) und fast das ganze Gebiet gehört zum SPA (Special Protection Area) »Unteres Elbtal« des Vogelschutzes. So finden sich hier beispielsweise Eisvögel, Fischadler, Goldregenpfeifer, Kraniche, Ortolane und Tüpfelsumpfhühner.

DIE PLATTENBURG

Älteste Wasserburg Norddeutschlands

Die Burg wurde vermutlich nach dem sogenannten Wendenkreuzzug (1147) noch vor 1200 angelegt und ist damit die älteste erhaltene Wasserburg Norddeutschlands. Im Jahr 1319 (erste urkundliche Erwähnung) wurde die Burg vom Markgrafen Waldemar von Brandenburg an den Bischof Reiner von Havelberg verkauft. Seitdem diente sie den Bischöfen von Havelberg, die ihren Sitz in Wittstock/Dosse hatten, als Sommerresidenz. Die Oberburg war der Wohnsitz des Bischofs, während in der Vorburg die Gefolgsleute untergebracht waren. Mit dem Tod des letzten Bischofs von Havelberg im Jahre 1548 unterstand die Burg dem zum evangelischen Glauben übergetretenen Kurfürsten Joachim II. als Vormund seines Sohnes (den späteren Kurfürst Friedrich IV.), der 1551 zum Bischof gewählt wurde. 1552 verpfändete der Kurfürst die Burg an seinen

Kämmerer Matthias von Saldern 1560 als erbliches Lehen. Die Familie hielt die Burg bis zur Enteignung 1945. Danach wurden hier Geflüchtete aus den östlichen Teilen Deutschlands untergebracht, die im Gebäudeensemble bis 1960 wohnten. 1969 wurde die Anlage zu einem Ferienlager der Deutschen Reichsbahn umgebaut und bis 1991 genutzt. Im selben Jahr gründete sich der Verein zur Förderung und Erhaltung der Plattenburg. Die anschließenden Restaurierungen dauerten bis 2013. Bereits seit Anfang der 2000er Jahre befinden sich hier ein Museum, ein Trauzimmer und Übernachtungsmöglichkeiten.

Die eigentliche Burganlage besteht aus Ober- und Unterburg und ist im Kern aus dem Mittelalter. Vom 16. bis zum 19. Jahrhundert wurde sie schrittweise ausgebaut. In der Oberburg existiert ein dreigeschossiger, im Kern spätgotischer Bischofsflügel, der ursprünglich in Backstein errichtet und später verputzt wurde. Sein Ausbau erfolgte 1609 und Anfang des 18. Jahrhunderts durch die Ergänzung eines Fachwerkanbaus. Der rechtwinklig angrenzende Flügel ist im Ursprung ebenfalls mittelalterlich, hat sein heutiges Aussehen jedoch 1862 bis 1865 durch Aus- und Umbauten nach Plänen von Friedrich August Stüler erhalten. Nach einem Brand 1883 erhielt der Eckturm nach Plänen von Wilhelm Martens ein breiteres neogotisches Geschoss mit Aufsatz. Die im Inneren befindlichen großen Säle sind mehrfach umgestaltet worden. Der sogenannte Rittersaal sticht hier, u. a. durch seine Kreuzgratgewölbe, den Sandsteinkamin (gerahmt von zwei wilden Männern) und die zum Saal hinabführende Treppe mit Handläufen, die von hockenden Löwen getragen werden, hervor. Der Hof der Unterburg wird überwiegend durch spätgotische Backsteinbauten eingefasst. Ins Auge fällt der 1886 überarbeitete Stufengiebel des ehemaligen Back- und Brauhauses, in dem sich eine Halle und darüber eine Anfang des 18. Jahrhunderts eingerichtete Kapelle befindet (1885 bis 1886 neugotisch umgestaltet). In ihr sind eine Herrschaftsempore mit Holzwand und Wappenmalereien sowie eine Grabplatte mit Halbfigur des 1618 verstorbenen Geistlichen Wollin zu sehen.

Die Plattenburg
Auf der Burg 1, 19339 Plattenburg. Tel.: 0171 127 838 6, Mail: info@dieplattenburg.com, www.dieplattenburg.com, Burgcafé, Tel.: 0174 5266180, geöffnet: Do.–So.

QUITZOW

Dorfkirche, ehemaliger Intershop

Die erste urkundliche Erwähnung gab es im Jahre 1271. Vermutlich waren die von Quitzows aber schon vorher hier ansässig und Vasallen des Johannes Gans zu Perleberg. Als den Quitzows Rühstädt verliehen wurde, verkauften sie 1386 das Gut Quitzow an die Familie von Platen, die es bis 1769 hielt. Ab da übernahm die Familie von Möllendorf zu Lindenberg und Jagel bis 1817 die Gutsherrschaft. Nachdem die Gemeinde diese zwei Jahre innehatte, verkaufte sie das Gut an die Familie Otto, die 1845 die Genehmigung zur Anlage einer Ziegelei erhielt. Ein Jahr später gab es 46 Häuser im Ort, 1931 waren es 53 Häuser. Während der demokratischen Revolution in Berlin 1848 setzte sich Prinz Wilhelm von Preußen für eine gewaltsame Niederschlagung der Märzrevolution ein. Nachdem die Revoltierenden die Oberhand gewonnen hatten, schickte König Friedrich Wilhelm IV. den Prinzen als Kaufmann getarnt nach London. Auf der Flucht dorthin verbrachte er eine Nacht im Pfarrhaus von Quitzow. Nach dem Zweiten Weltkrieg wurden 1946 insgesamt 5,27 km² (527 ha) Fläche enteignet und auf damals sogenannte »Neubauern« verteilt.

Die Dorfkirche von Quitzow zählt zu den ältesten in Brandenburg. Der älteste Teil der Kirche ist der Chor, der nach dendrologischen Untersuchungen nun auf 1292 datiert wird. Hier sind ein gekehlter Feldsteinsockel und ein gekehltes Backsteinprofil zu finden. Belichtet wird der Chor durch drei hohe Lanzettfenster mit Rundstäben, von denen das mittlere in den Giebel hineinreicht. Das flachgedeckte Schiff entstand aus gequaderten Feldsteinen, die sorgfältig behauen worden sind. Das Dach selbst stammt aus der Mitte des 16. Jahrhunderts. Die Nord- und Süd-Portale sind aus der zweiten Hälfte des 13. Jahrhunderts. Das um 1300 gebaute südliche Chorportal ist außergewöhnlich reichhaltig durch Bündelstäbe, Archivolten (gewölbte Bogen) etc. geschmückt (ähnlich wie bei der St. Jacobi-Kirche in Perleberg). Der massive, quadratische Feldsteinturm mit Ecken aus Backstein stammt aus der Zeit um 1500. Das Innere ist weiträumig und licht. Das Schiff hat eine Balkendecke, während der Chor eine gewölbte Holzdecke hat. Auf dem Blockaltar mit Weihekreuzen befindet sich ein aus dem Jahre 1703 stammender Altaraufsatz mit Akanthuswangen und einem modernen Altarbild. Die schlichte Kanzel stammt aus

Die Kirche von Quitzow gehört zu den ältesten in Brandenburg.

dem 18. Jahrhundert, der achtseitige, pokalförmige Taufstein aus Sandstein vermutlich aus dem 14. Jahrhundert. Ferner befinden sich zwei Grabsteine mit Wappen aus dem 18. Jahrhundert in der Kirche.

Während der deutschen Teilung war die Fernstraße 5 bis 1982 Transitstrecke für Fahrten zwischen Hamburg und Berlin (West). In Quitzow wurde seinerzeit ein Intershop betrieben. In dieser DDR-Einzelhandelskette durfte nur mit konvertierbarer Währung, später auch mit Forumschecks, eingekauft werden. Ziel war die Abschöpfung von Devisen durch die DDR. Für Transitreisende bot sich hier die Möglichkeit, Waren zollfrei und damit preiswerter einzukaufen.

Angela Merkel (amtierende Bundeskanzlerin 2005 bis 2021) kam kurz nach ihrer Geburt 1954 mit ihrer Familie nach Quitzow, da ihr Vater hier eine Stelle als Pfarrer antrat. 1957 zog die Familie nach Templin.

Dorfkirche Quitzow
Dorfstraße, 19348 Perleberg OT Quitzow. Tel.: 038791 2775

RÜHSTÄDT

Kirche, Schlosshotel mit Park, NABU-Zentrum für Besuchende

Rühstädt war ein wichtiger Elbfährort, im Mittelalter zunächst unter der Lehenshoheit des Bischofes von Havelberg und dann derer von Stendal. 1384 wurden die von Quitzows mit Rühstädt belehnt. Dies ist auch die erste urkundliche Erwähnung des Ortes. 1515 gab es durch Erbteilung zwei Herrschaften über Rühstädt. Je zur Hälfte waren dies die Häuser Quitzow-Rühstädt (bis 1719, dann von Grumbkow) und Quitzow-Quitzöbel (bis 1621, dann von Bülow). 1723 kam es durch Austausch von Teilbesitzungen wieder zur Zusammenführung der Herrschaft, nun unter den von Grumbkows. Friedrich Wilhelm von Grumbkow war u. a. Vizepräsident des Generaldirektoriums, Generalfeldmarschall und Mitglied des Tabakskollegiums des Soldatenkönigs Friedrich Wilhelm I. 1780 übernahm die Familie von Jagow Rühstädt und wurde 1946 enteignet. Ab 1952 gehörte Rühstädt zum Kreis Perleberg im Bezirk Schwerin und seit 1993 ist es Teil des Landkreises Prignitz in Brandenburg.

Die Kirche ist ein spätgotischer Saalbau mit halbkreisförmiger Apsis, massiv aus Backstein gebaut, aus der Zeit des Patronats derer von Quitzow um 1455. Nachdem die von Grumbkows das Patronat übernommen hatten, ließen sie die Kirche 1722 barock überformen und errichteten einen massiven Westturm mit achteckigem Aufsatz (jetzt mit Dachpappe ummantelt). Weitere Erneuerungen fanden unter denen von Jagow 1843 und 1887 bis 1890 statt. 1961 wurde die Kirche restauriert. An der Südseite der Kirche befindet sich ein Anbau, der die Patronatsloge enthält. Im Inneren gibt es in der Apsis spätgotische Malereien (das Weltgericht) sowie mehrere Wappen. Der geschnitzte Altar ist ebenso barock wie der Kanzelkorb. Die Orgel aus dem Jahr 1738 stammt von Joachim Wagner, dem bedeutendsten Orgelbauer des Barocks in Brandenburg (die Orgel in St. Marien Berlin und im Brandenburger Dom sind u. a. von ihm). Friedrich Hermann Lütkemüller führte Veränderungen durch. 2005 wurde die Orgel durch die Firma Orgelbau Waltershausen mit der Originaldisposition wieder hergestellt. Es befinden sich zahlreiche bedeutende Grabdenkmäler der Familie von Quitzow in der Kirche, zum Teil mit überlebensgroßen Figuren, im Boden eingelassenen Grabsteinen, Figurengrabsteinen an der Apsiswand, einem prächtigen bronzenen Sargdeckel für Friedrich

Störche gehören in Rühstädt zum Stadtbild.

Wilhelm von Grumbkow, einem klassizistischen Wandgrab von Günther von Jagow sowie einem Denkmal mit Marmorrelief mit Mutter und Kind für Bertha von der Schulenburg, geborene Jagow. Letzteres stammt vom berühmten Bildhauer Friedrich Drake (von ihm stammt u. a. die Viktoria auf der Berliner Siegessäule).

Das ehemalige Herrenhaus, jetzt Schlosshotel Rühstädt, ist ein zweigeschossiger Putzbau mit frühklassizistischer Fassade. Er wurde für Georg Otto Friedrich von Jagow 1782 an der Stelle zweier Vorgängerbauten errichtet. Die Fassade erhielt zum Hof hin zwei flache Seitenrisalite sowie einen dreiachsigen Mittelrisalit mit ionischen Kolossalpilastern, die Parkseite einen vierachsigen Mittelrisalit in gleicher Gestaltung. Das Schloss war ursprünglich ganzseitig von Wassergräben umgeben, parkseitig jedoch 1823 zugeschüttet in Zusammenhang mit der Umgestaltung der Grünanlage und der Anlage einer über die ganze Front reichenden Terrasse, deren Balustrade von 1855 stammt. 1911 wurde das Gebäude um zwei Achsen nach Süden erweitert, 1990/92 auf der Nordseite. Nach der Enteignung des Herrenhauses fanden hier zunächst Geflüchtete aus den östlichen Teilen Deutschlands eine Unterkunft und dann bis 1998 ein Altenpflegeheim des Landkreises. Nach 1990 begannen Instandsetzungsarbeiten und 2000/01 fand eine grundlegende Sanierung statt. Seit 2002 ist es ein Hotel.

Nach dem Neubau des Schlosses wurde der barocke Park ab 1823 nach Plänen von J. Wichmann in einen Landschaftspark mit Sichtachsen in die Elbniederung transformiert. Dabei wurden Teile der barocken Gestaltung wie einzelne Wegeachsen und Hainbuchenlaubengänge erhalten. Am Ende der Hauptachse steht ein Sandsteinobelisk von 1719 (2006 restauriert), auf dem sich bis 1945 Wappen und Inschriften der Familie von Grumbkow befanden. Seit 1990 finden hier gartendenkmalpflegerische Arbeiten statt. Ferner befinden sich im Park die ehemalige Orangerie, der Friedhof der Familie von Jagow und ein Eiskeller. Zum Herrenhaus gehörte eine Gutsanlage, deren Gebäude 1945 zum Teil abgerissen wurden. Erhalten sind noch Speicher und Stallbauten von 1880 sowie der Wasserturm von 1885 (1992 restauriert). Wegen des Storchennestes auf dem Wasserturm wird dieser auch »Storchenturm« genannt.

1996 wurde Rühstädt zum »Europäischen Storchendorf« gekürt. Mehr als 30 Storchenpaare nisten hier pro Jahr. Der Naturschutzbund Deutschland (NABU) betreibt in Rühstädt ein Zentrum für Besuchende, in dem es Informationen über den »Weltenbummler Adebar« und das Biosphärenreservat Flusslandschaft Elbe-Brandenburg gibt. Eine Live-Videoschaltung gewährt Einblicke in ein Storchennest. Zudem gibt es vielfältige Bildungsangebote, Führungen, Radwandertouren und einen Storchenparcour im Außenbereich. Hier wurden Lebensräume für Pflanzen und Tiere geschaffen, die den Störchen als Nahrung dienen.

Kirche Rühstädt
(Gemeindebüro hinter der Kirche) Dorfstraße 21, 19322 Rühstädt.
Tel.: 038791 2775, Mail: gb-ruehstaedt@kirchenkreis-prignitz.de

Schlosshotel Rühstädt Garni
Schloss 1, 19322 Rühstädt. Tel.: 038791 8085-0,
Mail: info@schlosshotel-ruehstaedt.de, www.schlosshotel-ruehstaedt.de

Besucherzentrum Rühstädt (NABU)
Neuhausstraße 9, 19322 Rühstädt. Tel.: 038791 806555,
Mail: info@nabu-ruehstaedt.de, www. nabu-ruehstaedt.de, Nov.–März und Mo. geschlossen (außer feiertags und Brandenburger Schulferien).

STREESOW (ORTSTEIL VON RECKENZIN, GEMEINDE KARSTÄDT)

Löwenkopfbrücke

Südwestlich des Dorfes Streesow, nahe Streesower Dorfstraße 19, steht am Bahnkilometer 151,272 an der Berlin-Hamburger-Eisenbahn eine Brücke aus der Zeit des Baus der Bahn. Die Brücke stammt aus dem Eröffnungsjahr der Bahnstrecke 1846 und wird als Löwenkopfbrücke bezeichnet, weil auf jeder Seite zwei Löwenköpfe die Brücke zieren. Diese unter Denkmalschutz stehende Brücke wurde von Friedrich Neuhaus entworfen. Er war nach seinem Studium 1824 an der Berliner Bauakademie im Oder-Deichbau, beim Chausseebau und im Eisenbahnbau tätig. Bei der Berlin-Hamburger Eisenbahngesellschaft arbeitete er seit 1843 als technisches Direktionsmitglied und war ab 1850 Direktor der Eisenbahngesellschaft. Neuhaus hat u.a. auch den Hamburger Bahnhof in Berlin entworfen. Um die Strecke Berlin–Hamburg als erste Bestandsstrecke für Geschwindigkeiten über 200 km/h auszubauen, wurde die Brücke 1992/93 sorgfältig abgetragen und erhöht originalgetreu wieder aufgebaut.

WATERLOO

Gedenkstein Internationales Waterloo-Treffen

1817 wurde das Vorwerk (Außenstelle eines Gutshofes) gegründet, das sich zu dieser Zeit im Besitz des Staatsministers Otto Karl Friedrich von Voss (1755–1823) befand. Voss hatte an der Schlacht bei Waterloo teilgenommen und wollte das Vorwerk Waterloo benennen. Der König war damit jedoch nicht einverstanden, so dass Voss das Vorwerk nun nach deutscher Übersetzung »Wasserloch« nennen wollte. Da dies dem König noch weniger zusagte, genehmigte er schließlich den Namen Waterloo. Das erste Wohnhaus entstand hier 1846. Das einzige heute denkmalgeschützte Gebäude steht im Schlossweg 3. Es ist ein eingeschossiges Klinkergebäude, das 1934 vermutlich für den Gutsbesitzer von Bonin entstand. Mehr als 100 Orte sind weltweit nach Waterloo benannt. 2005 fand hier das 4. Internationale Waterloo-Treffen statt, an das ein Gedenkstein und eine kleine Ausstellung in der ehemaligen Gutsscheune erinnern.

WITTENBERGE

Altstadt, Kirchen, Rathaus, Jahreszeiten-Haus, Gropius-Siedlung, Bahnhof, Ölmühle, Nähmaschinenwerk, Elblandfestspiele

Wittenberge liegt am rechten Elbufer an der Mündung der Stepenitz und Karthane in die Elbe. Der Ort gehörte zu den ältesten Stützpunkten der Gans Edlen Herren zu Wittenberge, ab 1246 zu Putlitz, unter deren Schutz er sich entwickelte. Spätestens 1239 wurde Wittenberge das erste Mal urkundlich erwähnt. Die Siedlung entstand an der Straße, die die Altmark mit der Prignitz an einer Fährstelle verband. Die ovale Form der Altstadt liegt quer zur Elbe. Das Straßengefüge, mit den beiden Hauptstraßen Burgstraße und Steintorstraße, lässt die Struktur der Altstadt gut erkennen. In der Mitte wurde ein Block als Markt- und Kirchplatz freigehalten. Das Straßenbild prägen zweigeschossige, traufständige Fachwerkhäuser aus dem 18. und 19. Jahrhundert. Von der ursprünglichen Befestigung ist nur im Norden der dreigeschossige Steintorturm als quadratischer Backsteinturm aus der Zeit von 1301 bis 1315 übriggeblieben. Auf der Stadt- und der Feldseite befinden sich an ihm Filialgiebel mit Blendengliederung. In den Folgejahren gab es wechselnde Territorialherren und Lehnsinhaber. 1590 war der Ort Umschlagplatz für den Getreideexport. Kriege, Überschwemmungen, Pest und Feuer traten immer wieder auf. Im Dreißigjährigen Krieg wurde die Burg zerstört und ein schlichtes Herrenhaus gebaut.

Im 18. Jahrhundert lebte die Stadt von Ackerbau, Handwerk, Holzhandel, Schifffahrt, Brauerei, Fischerei und Viehzucht. Die industrielle Entwicklung begann 1823 mit dem Bau einer Ölmühle. 1835 wurde ein neuer Elbhafen fertiggestellt und 1850 der Schleppdampferverkehr aufgenommen. Durch den Anschluss an die Berlin-Hamburger-Eisenbahn 1846 und an weitere Strecken (nach Magdeburg, Lüneburg und Salzwedel) entwickelte sich Wittenberge zu einem Verkehrsknotenpunkt. Die gute Anbindung an Straße, Wasserweg und Schiene begünstigte die weitere industrielle Entwicklung, so dass 1846 eine Seifenfabrik, 1849 eine chemische Fabrik, 1875 das Reichsbahnausbesserungswerk und 1903 die Singer-Nähmaschinenfabrik entstanden. Die Stadt wuchs jetzt rasch, vor allem in Richtung Bahnhof, entlang der heutigen Bahnstraße, nördlich der Lenzener Straße in Richtung Stadtpark und durch die Wohnkolonie »Eigene Scholle« nördlich des Lindenweges. Unter dem Stadtbaudirek-

Skulptur an der Elbstraße in der Altstadt von Wittenberge

tor Friede Everhard Bruns wurde der kommunale Wohnungsbau angekurbelt. Weitere Fabriken entstanden 1935 mit der Norddeutschen Maschinenfabrik und 1937 mit der Zellstoff- und Zellwollefabrik. Auf deren Werksgelände befand sich vom 28. August 1942 bis zum 17. Februar 1945 das erste Außenlager des KZs Neuengamme. Rund 500 männliche Gefangene mussten hier unter der Prügel und den Schikanen der SS, unzureichender Ernährung und desolater Unterbringung Zwangsarbeit verrichten. Durch die Bombardierung des Industriestandortes und des Verkehrsknotenpunktes Wittenberge sowie durch Artilleriebeschuss gab es im Zweiten Weltkrieg zahlreiche Tote und Zerstörungen. Nach dem Ende des Zweiten Weltkrieges fand hier eine gemeinsame Siegesfeier der Streitkräfte der UdSSR und der USA statt. Trotz widriger Umstände wie Demontage von Anlagen für die Sowjetunion nahmen die Betriebe unter sozialistischen Bedingungen die Arbeit wieder auf. Auch der Wohnungsneubau wurde forciert, z. B. durch die Errichtung des Allende-Viertels, die Altbausubstanz hingegen wurde vernachlässigt. Ab 1952 gehörte Wittenberge zum Kreis Perleberg und damit zum Bezirk Schwerin. Am 21.

Oktober 1989 trat eine Initiativgruppe im Anschluss an ein Friedensgebet der evangelischen Kirche an die Öffentlichkeit und trug zur Wende bei. Nach der Einheit gab es starke wirtschaftliche Veränderungen durch die Schließung der großen Betriebe mit Ausnahme des Bahnausbesserungswerkes. Es entstanden aber auch neue Einrichtungen des Handels und Betriebe, und es wurden Sanierungs- und Restaurierungsmaßnahmen durchgeführt. Bei einer Volksbefragung entschieden sich die in Wittenberge lebenden Menschen dafür, wieder zu Brandenburg zu gehören. Seit 1993 ist Wittenberge die bevölkerungsreichste Stadt des Landkreises Prignitz mit 16 700 gemeldeten Personen. 2027 wird in Wittenberge die 8. Landesgartenschau Brandenburgs stattfinden.

Nach dem Abriss der inzwischen zu klein gewordenen Vorgängerkirche konnte 1869 bis 1872 nach Plänen von Ferdinand Wilhelm Horn durch den Berliner Hofbaumeister Johann Friedrich Petzhold ein neuer Bau in neugotischen Formen errichtet werden. Er hat ein von Emporen gesäumtes Langschiff (dadurch Dreischiffigkeit vortäuschend), ein breites Querschiff und einen erhöhten polygonalen Chorraum. Das Innere wurde in der Schinkel-Nachfolge weiträumig und hell gestaltet. Mehrfache Umgestaltungen führten zu baulichen Veränderungen, die bei der Sanierung von 1999 bis 2011 teilweise wieder rückgängig gemacht wurden. So sind die 1938 zugemauerten drei Fenster wieder geöffnet und vom Glaskünstler Helge Warme lebendig neugestaltet worden. Von 1872 bis 1935 befand sich eine Orgel des Merseburger Orgelbaumeisters Carl Joseph Chwatal und seines Sohnes in der Kirche. 1935 entstand durch den Orgelbaumeister Martin Pflug aus Wittenberge eine der größten Orgeln Brandenburgs (49 Register, 3 Manuale und elektropneumatische Steuerung) mit einer Pfeifenanordnung, die an die Silhouette eines Engels erinnert. Sie wurde 2011/12 durch die Orgelbaufirma Schuke aus Potsdam wieder hergestellt. Besondere Ausstattungsgegenstände sind das »700-Jahre-Kreuz«, ein Leuchter und ein Relief des Guten Hirten des Kyritzer Künstlers Heinz Richter. Er hat sie aus mittelalterlichen Eichenbohlen eines Knüppeldammes hergestellt, die 1997 neben der Kirche geborgen wurden. Die katholische Pfarrkirche St. Heinrich (Perleberger Straße 164) wurde 1898 als massive, neoromanische Kirche in Backstein ausgeführt und nach 1945 wieder aufgebaut. Zum Ensemble gehört auch das Pfarrhaus, 1905/06 von Maurermeister Wilhelm Krüger ausgeführt, sowie das Schulhaus von

Wahrzeichen der Stadt: der Uhrenturm des ehemaligen Nähmaschinenwerkes

1876, das 1913 ebenfalls von Krüger umgebaut wurde und jetzt Gemeindehaus ist. Der Künstler Friedrich Press gestaltete den Innenraum der Kirche 1972 modern neu.

Das dreigeschossige Rathaus, 1912 bis 1914 nach Plänen von Friede Everhard Bruns gebaut, spiegelt den Willen Wittenberges wider, eine große Stadt zu werden. Das Gebäude entstand in einem Architekturstil, der aus einer Mischung verschiedener Stile besteht (Historismus, Eklektizismus). Es handelt sich um einen Zweiflügelbau mit Sand- und Tuffsteinfassade, Schaugiebel und quadratischem Turm mit achtseitigem Aufsatz, offener Laterne und Schweifhaube. Der Turm ist 51 Meter hoch und hat in 37,5 Metern Höhe eine Aussichtsplattform. Besonders repräsentativ wurden das Magistratssitzungszimmer, das kleine Trauzimmer und der große Sitzungssaal gestaltet. Der Rathausturm kann individuell bestiegen werden und es werden Führungen durch das Gebäude mit Turmbesteigung von der Tourismusinformation angeboten.

Im »Alte Burg« genannten Gebäude (Putlitzstraße 2) befindet sich heute das Stadtmuseum. Es ist wohl das älteste Haus der Stadt aus dem

Jahre 1669. Anstelle der zerstörten Burg wurde hier für die Herren Gans zu Putlitz ein »Weißes Schloss« errichtet. Das winkelförmige, zweigeschossige Fachwerkhaus steht auf einem Feldsteinsockel und hat ein Krüppelwalmdach. Neben der stadtgeschichtlichen Ausstellung ist u. a. auch eine ständige Ausstellung zur Geschichte des Nähmaschinenwerkes zu sehen.

Das Kultur- und Festspielhaus Wittenberge (Paul-Lincke-Platz 1) wurde 1955 bis 1958 unter dem Namen »Kulturhaus Johannes R. Becher« errichtet. Das Gebäude ist eine massige, verputzte Stahlbetonkonstruktion mit einem großen Dreiecksgiebel und Blendportikus auf der Schauseite mit Rückgriff auf Motive des Klassizismus und antiker Tempel. Der Bau orientiert sich an einem Prototyp für derartige Häuser in der DDR, der aus einem Wettbewerb der Bauakademie 1951 hervorgegangen war, ohne jedoch die dort propagierte Verwendung des reicheren Neuklassizismus stalinscher Prägung zu verwenden. Das 1994 unter Denkmalschutz gestellte Gebäude wurde 1997 bis 1999 umfassend saniert und ist heute ein Veranstaltungsort, der von 40 000 Menschen jährlich besucht wird.

Das Wohnquartier »Heisterbusch« gilt als eines der größten Jugendstilviertel in Norddeutschland. Es wurde 1995 unter Denkmalschutz gestellt. Das Viertel liegt unmittelbar vor dem Bahnhof zwischen Goethe- und Schillerplatz. Zwischen 1900 und 1909 entstanden hier die schönsten Jugendstilfassaden in Wittenberge. Überregional bedeutend ist das 1906 errichtete dreigeschossige Mietwohnhaus »Haus der vier Jahreszeiten« (Johannes-Runge-Straße 16). Entwurf und Ausführung des Baus mit sechs Fensterachsen stammen von dem Bauunternehmer Hermann Löther und dem Malermeister August Brüshaber. Die Stuckfassade zeigt mit blau-weißen Fliesenstreifen und reichem, floralem Stuckdekor in allegorischen Darstellungen die Jahreszeiten.

Am Lindenweg/Ecke Kastanienweg steht eine Hinweistafel auf die Siedlung »Eigene Scholle«. Die Siedlung wurde 1912 bis 1914 nach Plänen von Walter Gropius und Adolf Meyer für die Arbeiterschaft der Singer-Nähmaschinen-Werke und der Reichsbahn in Wittenberge gebaut und gehört zum Frühwerk von Walter Gropius, ist aber relativ unbekannt. Die Wohnanlage besteht aus ursprünglich drei Haustypen, von denen zwei erhalten sind. Die verputzten, streng gegliederten Ziegelbauten sind unter Verwendung reduzierter klassizistischer Elemente wie Sockelgeschoss, Pilaster und Dreiecksgiebel typisch für das Frühwerk von

Bahnhof, Kultur- und Festspielhaus, Steintorturm

Gropius. Über die Zeit sind viele Veränderungen an den Häusern vorgenommen worden. Es handelt sich um eine der wenigen Planungen des Ateliers Gropius, die auch umgesetzt wurden.

Das Empfangsgebäude des Wittenberger Bahnhofes wurde nach Plänen von Friedrich Neuhaus 1846 als klassizistischer Putzbau errichtet und mehrfach erweitert. Der Bahnhof gehört zu den am stärksten frequentierten Bahnhöfen in Brandenburg (pro Tag rund 5 000 Menschen, die die Züge nutzen oder den Bahnhof besuchen). Zukünftig soll hier auch ein Technologie- und Gründerzentrum untergebracht werden. Auf dem Bahngelände befinden sich weitere historische Bahnbauten wie einer der ältesten Lokschuppen Deutschlands (vor 1851), ein Halbringlokschuppen mit Drehscheibe (vor 1897), eine Wasserstation (1873) und ein oktogonaler Wasserturm von 1898. Im historischen Lokschuppen ist das größte Eisenbahnmuseum Brandenburgs mit einer umfangreichen Fahrzeugsammlung untergebracht (Am Bahnhof 6). Beliebt sind vor allem die mehrfach im Jahr durchgeführten »Dampftage«, an denen die Stahlkolosse zum Leben erweckt werden.

Aufgrund der Geschichte der Industriestadt finden sich auf dem Stadtgebiet auch eine Reihe historischer Gewerbebauten. Von der Märkischen Ölmühle, einst die größte Industrieanlage der Stadt, von der der größte Teil nach der Produktionseinstellung 1991 demontiert wurde, gibt es noch einen imposanten Speicherbau von 1856 (Wilsnacker Straße 52/53). Das monumentale, winkelförmige Backsteingebäude mit viereinhalb Geschossen wurde von Georg Kraus entworfen. Heute wird es als Hotel und Veranstaltungsort genutzt. Die Geschichte Wittenberges ist auch eng mit der Geschichte des Nähmaschinenwerkes verbunden. 1903 hat die Firma Singer aus den USA hier ihr erstes Werk in Deutschland eröffnet, das nach 1945 unter dem Namen Veritas weiter produzierte. Es entstand im Laufe der Zeit auf dem Singer-Werksgelände ein ausgedehntes Industriegebiet mit architektonisch interessanten Bauten zum Teil mit Hartbrandklinkern und expressionistischen Einschlägen und ist teilweise durch die Neue Sachlichkeit beeinflusst. Bis zu 3 200 Menschen arbeiteten hier, die jährlich bis zu 400 000 Nähmaschinen produzierten.

1997 erfolgte die Gründung der Elblandfestspiele in Wittenberge. Dabei handelt es sich um Freilicht-Festspiele der Genres Musical, Operette und Filmmusik. Seit dem Jahr 2000 werden sie auf dem weitläufigen Areal der ehemaligen Ölmühle realisiert. 2007 kam die neuerbaute Elblandbühne mit 3 500 Plätzen dazu. Die Festspiele finden in der Regel jährlich statt.

Evangelische Kirche Wittenberge
Kirchplatz 1, 19322 Wittenberge, Evangelisches Gemeindehaus gegenüber (Burgstraße 16), Tel.: 03877 403622

Katholische Kirche Wittenberge
Friedrich-Ebert-Straße 1, 19322 Wittenberge. Pfarrbüro Perleberger Straße 164, 19322 Wittenberge, Tel.: 03877 403476, Mail: stheinrich@dekanat-wittenberge.de, www.dekanat-wittenberge.de/st-heinrich-wittenberge

Rathaus Wittenberge
August-Bebel-Straße 10, 19322 Wittenberge. Tel.: 03877 951-0, Mail: stadt@wittenberge.de, www.wittenberge.de

Stadtmuseum »Alte Burg«
Putlitzstraße 2, 19322 Wittenberge. Tel.: 03877 405266, Mail: stadtmuseum@kfh-wbge.de, www.wittenberge.de. Di. und Sa. geschlossen.

Kultur- und Festspielhaus Wittenberge
Paul-Lincke-Platz 1, 19322 Wittenberge. Tel.: 03877 929181 oder 929182,
Mail: kulturhaus@kfh-wbge.de, www.wittenberge.de

Touristinformation Wittenberge
Paul-Lincke-Platz 1, 19322 Wittenberge. Tel.: 03877 929181 oder 03877 929182,
Mail: touristinfo@kfh-wbge.de, www.wittenberge.de. So. geschlossen.

Alte Ölmühle
Bad Wilsnacker Straße 52, 19322 Wittenberge. Tel.: 03877 567994600,
Mail: rezeption@elbe-resort.de, www.elbe-resort.de

Historischer Lokschuppen Wittenberge
Dampflokfreunde Salzwedel e.V., Am Bahnhof 6, 19322 Wittenberge.
Tel.: 03877 56123-0, Mail: info@dampflok-wittenberge.de, www.lokschuppen-wittenberge.de

SINGER-Uhrenturm Wittenberge
Bad-Wilsnacker-Straße 48, 19322 Wittenberge. Tel.: 03877 405266,
Nov.–März und Mo. geschlossen.
Größter freistehender Uhrenturm auf dem europäischen Festland mit Aussichtsmöglichkeit und Ausstellung zur Werksgeschichte.

Elblandfestspiele Wittenberge
Gelände: Alte Ölmühle, Bad-Wilsnacker-Straße 52, 19322 Wittenberge.
Infos und Tickets Tel.: 03877 929181, Mail: service@elblandfestspiele.de.
Büro: Tel.: 03877 564503, Mail: service@elblandfestspiele.de

WITTENBERGE-RÜHSTÄDTER ELBNIEDERUNG

Naturschutzgebiet

Das 21,24 km² (2124 ha) große Naturschutzgebiet erstreckt sich südöstlich von Wittenberge entlang der Elbe (bis zur Flussmitte, die auch die brandenburgische Landesgrenze ist) bis nach Rühstädt. Es ist Bestandteil des Biosphärenreservates Flusslandschaft Elbe-Brandenburg. Die hier im Deichvorland der Elbe gelegenen Grünlandflächen sind als Naturentwicklungsgebiet ausgewiesen. Ziel ist es, die landwirtschaftliche Nutzung langfristig zugunsten einer naturnahen Auenlandschaft aufzugeben. So wurden z.B. naturnahe Auenwälder aus der forstlichen Nutzung herausgenommen, um naturnahe strukturreiche Laubwälder zu entwickeln. Die Grünlandflächen sollen durch extensive Pflege zu Auewiesen mit typischen Pflanzengesellschaften werden.

Rund um Pritzwalk

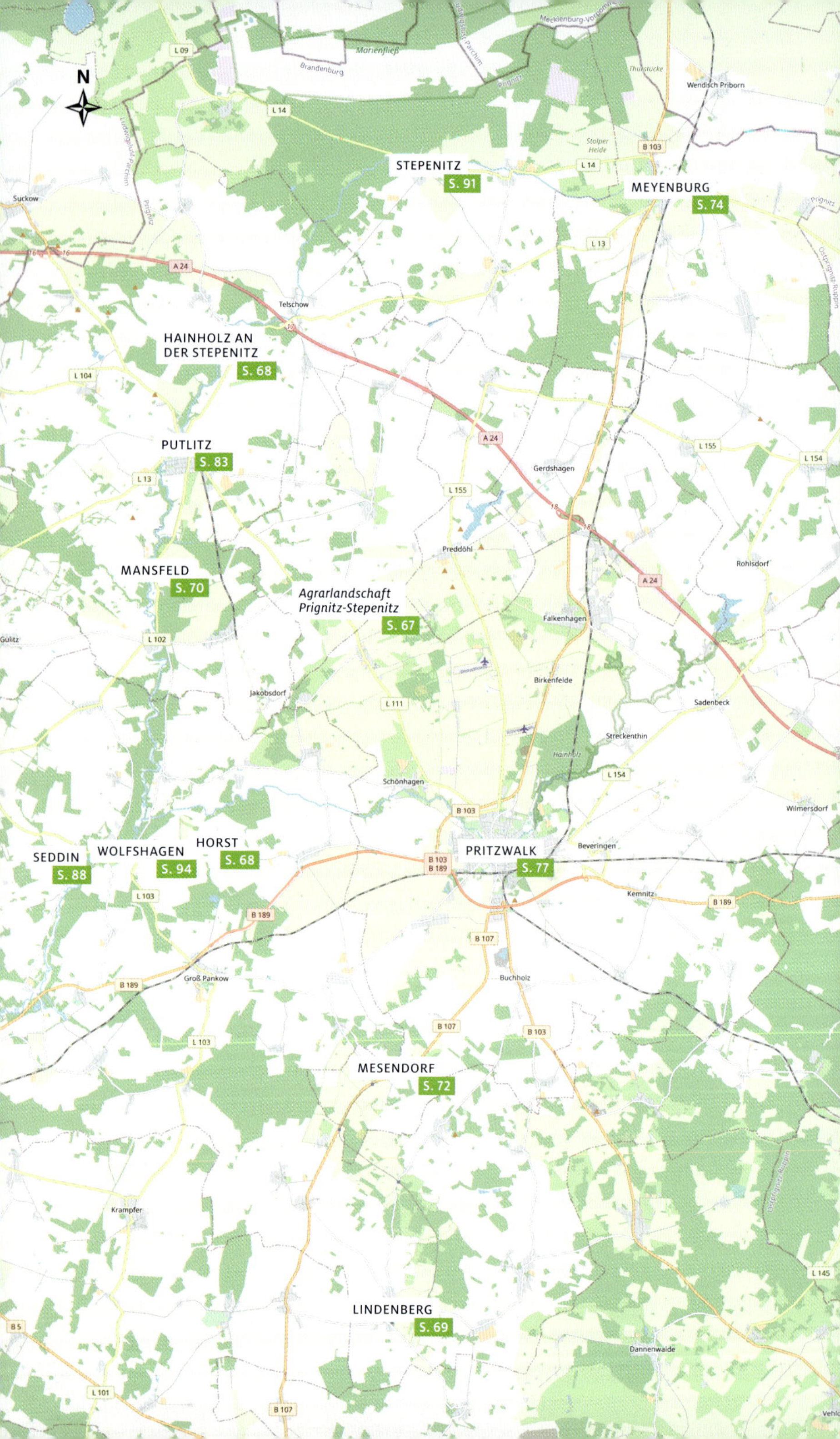
N
STEPENITZ
S. 91
MEYENBURG
S. 74
HAINHOLZ AN
DER STEPENITZ
S. 68
PUTLITZ
S. 83
MANSFELD
S. 70
Agrarlandschaft
Prignitz-Stepenitz
S. 67
SEDDIN
S. 88
WOLFSHAGEN
S. 94
HORST
S. 68
PRITZWALK
S. 77
MESENDORF
S. 72
LINDENBERG
S. 69
Marienfließ
Brandenburg
Wendisch Priborn
Stolper
Heide
Suckow
Telschow
Gerdshagen
Preddöhl
Rohlsdorf
Falkenhagen
Gülitz
Jakobsdorf
Birkenfelde
Sadenbeck
Streckenthin
Hainholz
Schönhagen
Wilmersdorf
Beveringen
Kemnitz
Groß Pankow
Buchholz
Krampfer
Dannenwalde
L 09
L 14
B 103
L 13
A 24
L 104
L 155
L 154
L 102
L 111
L 103
B 189
B 107
L 145
B 5
L 101

AGRARLANDSCHAFT PRIGNITZ-STEPENITZ

Landschaftsschutzgebiet

2009 wurde die Agrarlandschaft Prignitz-Stepenitz, in der seit Jahrhunderten Ackerbau auf den sandig-lehmigen Böden betrieben wird, auf dem sanft gewellten Relief der Prignitzer Grundmoränenplatte, mit einer Fläche von 320 km² (32 000 ha), unter Landschaftsschutz gestellt. Kennzeichnend für dieses Gebiet sind die vielen Alleen und Hecken, die die weitläufigen Felder gliedern und den Vögeln zahlreiche Nahrungs- und Brutplätze bieten. Einzelstehende Bäume bieten Orientierung und dienen Greifvögeln als Sitzwarte. In den Laub- und Mischwäldern finden Arten, die auf der Roten Liste der bedrohten Tier- und Pflanzenarten stehen, wie Schwarz- und Mittelspecht, ihr Revier. Stepenitz und Dömnitz durchziehen mit ihren Fließ- und Nebengewässern das Gebiet wie Lebensadern. An den teilweise naturnahen Gewässerläufen und den Feuchtwäldern finden Eisvogel, Kranich und Schwarzstorch ihren Lebensraum.

Die Stepenitz bei Kreuzburg

HAINHOLZ AN DER STEPENITZ

FFH-Gebiet

Rund 1,5 Kilometer nördlich von Putlitz (zwischen Putlitz und Nettelbeck) befindet sich das FFH-Gebiet (geschützt nach der Flora-Fauna-Habitat-Richtlinie der EU) Hainholz an der Stepenitz mit einer Fläche von ca. 1,15 km² (115 ha). Es handelt sich um ein weitgehend geschlossenes Waldgebiet mit für Feuchtwälder typischen Baumbeständen (Eichen, Hainbuchen, Buchen, Erlen, Eschen etc.), das als gefährdeter, naturnaher Waldtyp Lebensraum für gefährdete Arten bietet. Dabei ist das FFH Hainholz Bestandteil größerer zusammenhängender Waldgebiete, die für die Sanderflächen der Prignitz charakteristisch sind. Hier haben sich sieben verschiedene Fledermausarten, Eisvögel, Mittel- und Schwarzspechte ebenso angesiedelt wie die Bauchige Windelschnecke und in der Krautschicht Rasen-Schmiele, Großseggen, Frauen- und Dornfarne sowie Riesenschwingel.

HORST (BEI WOLFSHAGEN, GEMEINDE GROSS PANKOW)

Fossilienmuseum

Im Örtchen Horst befindet sich das kleinste Museum der Prignitz: das Fossilienmuseum. Der passionierte private Sammler Groenewegen hat Fossilien vom Ammoniten bis zum Fischsaurier zusammengetragen. So ist hier Interessantes zum Thema Präparieren von Fossilien und der Paläontologie allgemein zu erfahren.

Fossilienmuseum
Im Dörp 16, 16928 Groß Pankow OT Horst. Tel.: 038789 60420,
Mail: maerchengarten@gmx.de. Besuchszeiten auf Anfrage. Neben der Besichtigung der Sammlung können auch Präparate selbst hergestellt werden. Für Kinder geeignet.

LINDENBERG (GEMEINDE GROSS PANKOW)

Prignitzer Kleinbahnmuseum (Pollo)

In Lindenberg befindet sich das Kleinbahnmuseum, das seit 1994 an die Geschichte des Prignitzer Kleinbahnnetzes erinnert. Es wurde 1897 bis 1912 angelegt und war bis 1969 bzw. 1971 in Betrieb. Der 1993 gegründete Verein Prignitzer Kleinbahnmuseum Lindenberg e. V. hat von 2002 bis 2007 eine neun Kilometer lange Strecke von Mesendorf nach Lindenberg wieder aufgebaut. Im Museum wird anhand von Originaldokumenten, Modellen und Fotos an den Betrieb der Strecke sowie an die Fahrzeuge und die Menschen bei der Bahn erinnert. Die heute unter dem Namen »Pollo« bekannte Bahn wurde vermutlich nach dem Hund des damaligen Försters benannt, der den Zug bei der ersten Fahrt anbellte. Der Förster rief seinen Hund Pollo zurück und die Leute dachten, dass der Zug mit dem Namen Pollo gemeint war. So erhielt die Bahn in der Bevölkerung ihren Namen. Das Museum kann an mehreren Tagen im Jahr, an denen die historischen Züge fahren, besucht werden.

Das Kleinbahnmuseum in Lindenberg

Die Dampflok 994644 ist das Prunkstück des Museums.

Prignitzer Kleinbahnmuseum (Pollo)
Lindenberg 91, 16928 Groß Pankow OT Lindenberg. Tel.: 033982 60128,
Mail: über Kontaktformular auf der Website, www.pollo.de. Das Museum ist an den Fahrtagen der Museumsbahn oder nach telefonischer Vereinbarung geöffnet.

MANSFELD

Kirche, Gottfried-Benn-Haus

Das südlich von Putlitz liegende und jetzt zur Stadt gehörende Mansfeld ist ein kleines Straßendorf. Die erste urkundliche Erwähnung fällt in das Jahr 1424. Damals stand das Dorf bereits unter der Herrschaft derer zu Putlitz. Nach dem Dreißigjährigen Krieg lebten hier im Jahr 1652 nur noch sechs Personen.

Die Dorfkirche ist insofern ein außergewöhnliches Gebäude, da es eigentlich gar nicht mehr existieren sollte. Es ist eine kleine Notkirche,

Geburtshaus des Arztes und Dichters Gottfried Benn

die 1651 in einfachster Weise ohne Turm als Fachwerkbau mit Ziegelausfachung entstand. Der Westgiebel ist verbrettert. Mehrmals sollte die kleine Notkirche abgerissen und durch einen stattlichen Neubau ersetzt werden. Da es dazu nicht kam, ist sie als schlichtes Original aus der Zeit nach dem Dreißigjährigen Krieg erhalten geblieben. Auch das Innere besticht durch seine Schlichtheit: eine einfache Westempore, Balkendecke, hölzerne polygonale Kanzel mit Bemalung, eine Patronatsloge der Familie von Putlitz mit ornamental durchbrochener Schranke sowie ein Inschriftgrabstein für Joachim von Putlitz. Im hölzernen Glockenstuhl westlich der Kirche hängt eine mittelalterliche Glocke.

Im Pfarrhaus von Mansfeld wurde 1886 der Arzt, Dichter, Essayist und Schriftsteller Gottfried Benn geboren (Gedenktafel). Kurze Zeit nach seiner Taufe in der Mansfelder Kirche zog die Pfarrersfamilie um. Nach einem abgebrochenen Theologie- und erfolgreich abgeschlossenen Medizinstudium arbeitete er als Arzt an Berliner Krankenhäusern. Sein Gedichtband »Morgue« stellte die herkömmliche Lyrik in Frage und erregte großes Aufsehen in avantgardistischen Kreisen. 1917 ließ er sich als Arzt in Berlin nieder und veröffentlichte schroffe, menschenverachtende Prosa als Reaktion auf die Gräuel des Ersten Weltkrieges. Seine expressionistische Phase endete mit der Veröffentlichung seiner Werke »Gesammelte Gedichte« und »Gesammelte Prosa« 1927/28. Er wandte sich der Essayistik und dem Nihilismus zu. 1933 verteidigte er den Nationalsozialismus und feierte Friedrich Nietzsche. Sein zu seinem 50. Geburtstag erschienener Band »Ausgewählte Gedichte« wurde von den Nationalsozialisten als »widernatürliche Schweinereien« angegriffen, und so wurde er als »dekadenter Expressionist« 1938 aus der Reichsschrifttumskammer ausgeschlossen.

Er ging in die »Innere Emigration«. Nach dem Zweiten Weltkrieg praktizierte er wieder als Arzt, veröffentlichte 1948 in der Schweiz und beeinflusste die deutsche Nachkriegslyrik durch drei neue Publikationen (Lyrik, Prosa, Essays). Von schriftstellerisch Tätigen, die nach dem Krieg wieder nach Deutschland zurückkehrten, wurde er wegen seiner Haltung im Nationalsozialismus kritisiert, die er jedoch 1950 in seiner Autobiografie »Doppelleben« rechtfertigte. 1951 erhielt er den Georg-Büchner-Preis und starb 1956, zwei Monate, nachdem er zu seinem 70. Geburtstag zahlreiche Ehrungen erhielt, in Berlin an Krebs. In der Kirche hat der »Gottfried-Benn-Förderkreis« eine kleine Ausstellung zusammengetragen und führt Veranstaltungen durch.

Kirche mit Gottfried-Benn-Ausstellung
Mansfelder Straße 10, 16949 Putlitz OT Mansfeld. Schlüssel bei Fam. Tanneberger, Mansfelder Straße 61, Tel.: 033981-80599
Gedenktafel am Geburtshaus Mansfelder Straße 11. Gottfried Benn Förderkreis Mansfeld, c/o Christian Tanneberger, Mansfelder Straße 61, Tel.: 033981 80599, Mail: GBennMansfeld@t-online.de, www.alg.de/mitglied/gottfried-benn-foerderkreis-mansfeld

MESENDORF

Burgruine, Kirche, Gutshaus, Kleinbahn-Fahrzeugabstellanlage

Ursprünglich handelte es sich wohl um ein Sackgassen- oder langgestrecktes Runddorf, das durch die Gutsanlage verändert wurde. Die erste urkundliche Erwähnung findet sich 1319. Zu dieser Zeit stand das Dorf

Zwischen Mesendorf und Lindenberg verkehrt die historische Kleinbahn »Pollo«.

vermutlich unter der Herrschaft derer von Stendal und später unter der Herrschaft derer von Quitzow.

1319 wird auch die nördlich gelegene Burg erwähnt. Am Nordostrand des Gutsparks, am Niederungsrand, befinden sich heute noch malerische Gebäude- und Mauerreste des historischen Baus. Das wohl im 15. Jahrhundert gebaute Feste Haus (Bau mit starken Mauern) entstand mit einem Mischmauerwerk und war umgeben von einem Wassergraben.

Die Kirche auf einem ursprünglich aufgeschütteten Rundplatz ist ein neugotischer, kleiner Bau von 1897 bis 1899, an der Stelle von Vorgängerbauten errichtet, und wurde vermutlich von dem Pritzwalker Zimmermeister A. Böckmann entworfen. Der Turm stammt aus dem Jahre 1780.

Das Gutshaus steht hinter dem Hof und stammt im Kern aus dem Jahr 1786. Es handelt sich um einen zweigeschossigen Putzbau mit risalitartiger Betonung des Eingangs. Im 19. Jahrhundert und um 1920 wurde das Gebäude umgebaut und erweitert.

Südlich von Mesendorf befindet sich die Fahrzeugabstellanlage der einzigartigen, schmalspurigen Prignitzer Kleinbahn mit dem Namen

»Pollo«. Von hier aus starten an Fahrtagen die historischen Züge der Bahn nach Lindenberg, wo sich auch das Kleinbahnmuseum befindet.

Burgruine
Koordinaten: 53.097221 N, 12.132352 O

Kirche
Die Kirche steht gegenüber Havelberger Straße Mesendorf 23, 16928 Pritzwalk OT Mesendorf

Fahrzeugabestellanlage und Bahnhof Mesendorf
Havelberger Straße Mesendorf 58, 16928 Pritzwalk OT Mesendorf.
Kontakt: siehe Prignitzer Kleinbahnmuseum in Lindenberg.

MEYENBURG

Kirche, Schloss mit Museum und Park, Modemuseum im Schloss

Meyenburg liegt nur rund zwei Kilometer von der heutigen Grenze zu Mecklenburg entfernt. Diese auch historische Grenznähe führte dazu, dass hier am Südufer der Stepenitz die brandenburgischen Markgrafen vor 1285 eine Grenzburg bauten. Im Schutze dieser Burg entstand eine Siedlung, die um 1300 Stadtrecht erhielt. Die Ortschaft entwickelte sich in rechteckiger Form, wobei die Straßen rippenförmig, beidseitig der von Nord nach Süd durchlaufenden Handelsstraße, angelegt wurden. Nach wechselnden Herrschaften kamen spätestens 1364 die von Rohrs nach Meyenburg und wurden, ursprünglich aus Bayern kommend, zu einem der bedeutendsten Adelsgeschlechter der Prignitz. Unter dem Dreißigjährigen Krieg hat Meyenburg schwer gelitten. Nach einem Stadtbrand 1795 wurden die Straßen verbreitert. Die noch erhaltenen historischen Fachwerkhäuser, z. B. in der Grünstraße, stammen aus dieser Zeit. Durch den Bahnanschluss 1887 kam es zu einem kleinen wirtschaftlichen Aufschwung. Gründerzeitbauten entstanden am Wilhelmplatz und entlang der Freyensteiner Straße. Neben der Landwirtschaft ist das Tischlerhandwerk in Meyenburg bedeutend. 1907 gab es sechs Tischlermeister. 1946 wurde eine kleine Tischlerei gegründet, die über verschiedene sozialistische Betriebsformen zur heutigen Meyenburger Möbel GmbH mit rund 500 Mitarbeitenden wurde.

Schloss Meyenburg

Die Kirche ist im Kern ein mittelalterlicher Saalbau. 1749 bis 1752 wurde sie erneuert und 1848 bis 1850 umgebaut sowie 1949 bis 1953 neugestaltet. Der quadratische Turm aus Backstein auf einem Feldsteinsockel wurde freistehend 1848 bis 1850 neben die Kirche gesetzt. Im Inneren befindet sich im Boden eine Grabplatte für Helmut von Rohr mit großem Wappen. Die Schuke-Orgel stammt aus dem Jahr 1950.

Das heutige Schloss hat eine komplizierte und nicht ganz geklärte Baugeschichte. In den Bau sind Teile der alten Burg des 13. Jahrhunderts und der Stadtbefestigung mit eingegangen. Die Familie von Rohr war hier vom 14. bis zum 20. Jahrhundert ansässig. 1625 wurde die Burg mit Wall und Graben zwischen den Vettern von Rohr getrennt. Es entstand ein zweiter nahegelegener Bau. Nachdem nach den Plänen von Friedrich Adler die St.-Thomas-Kirche im heutigen Berlin-Kreuzberg gebaut wurde, wurde Adler von der Familie von Rohr beauftragt, das Schloss umzubauen. Die beiden Gebäude wurden nach seinen Plänen vereint, um einen Westflügel erweitert und zum Teil mit einer Neorenaissance-Fassade versehen. Als der letzte Schlossherr derer von Rohr im Ersten Welt-

Ausstellungsstücke im Modemuseum

krieg gefallen war, wurde das Gebäude aus Kostengründen einer anderen Nutzung übergeben. In der Zeit des Nationalsozialismus waren hier eine SA-Sportschule und Abteilungen des Reichsarbeitsdienstes angesiedelt. Nach dem Zweiten Weltkrieg wurden zunächst Flüchtlinge untergebracht und dann eine Schule, Kindergarten, Wohnungen für Lehrende, ein Internat und eine Schulküche. 1992 bis 2006 wurde das Gebäude saniert und modernisiert und beherbergt heute das Modemuseum, das Schlossmuseum und die Bibliothek.

Im Modemuseum sind Exponate der umfangreichen Sammlung der Frau Josefine Edle von Krepl zu sehen. Die Sammlung umfasst mehr als 3000 Stücke aller Arten der Kleidung aus den Jahren 1900 bis 1970/80. Es finden aber auch Modenschauen, Sonderausstellungen, Konzerte und andere Veranstaltungen statt. Im Schlossmuseum erfahren Sie Interessantes zur Geschichte der Stadt, des Schlosses sowie der Familie von Rohr und können Fundstücke, die bei der Sanierung zum Vorschein kamen, bewundern.

Kirche
Kirchplatz, Gemeindebüro hinter der Kirche, Kirchplatz 3, 16945 Meyenburg, Tel.: 033968 80218, Mail: gb-meyenburg@kirchenkreis-prignitz.de

Schloss mit Museum
Schloß 1, 16945 Meyenburg. Tel.: 033968 502974. Mail: siehe Modemuseum, www.schloss-meyenburg.de

Modemuseum Schloss Meyenburg e. V.
Schloß 1, 16945 Meyenburg. Tel.: 033968 508961, Mail: kontakt@modemuseum-schloss-meyenburg.de, www.modemuseum-schloss-meyenburg.de. Mo. geschlossen

PRITZWALK

Kirche, Rathaus, Museumsfabrik, Kulturhaus, Bibliothek, Mausoleum Quandt

Vor der deutschen Stadt war der Platz an der Dömnitzniederung bereits durch Slawen besiedelt. 1256 erhielt die Stadt durch die Brandenburgischen Markgrafen die Bestätigung ihrer Rechte. Somit ist davon auszugehen, dass sie bereits Ende des 12., Anfang des 13. Jahrhunderts existierte. Pritzwalk war eine Ansiedlung von Kaufleuten, die im Tuch- und Getreidehandel tätig waren. Die Stadtanlage erfolgte in Form eines unregelmäßigen Rechteckes einer Gitternetz-Straßenstruktur mit einem zentralen Markplatz als Aufweitung einer Straßenkreuzung. Bald wurde die Stadt Mitglied der Hanse und erhielt eine weitreichende städtische Selbstverwaltung. Der damalige Wohlstand zeigt sich auch im Pritzwalker Silberfund, der aus der Zeit Ende des 14. Jahrhunderts stammt und 1870 in der Stadt geborgen wurde. Teile des Fundes sind in der Museumsfabrik und im Berliner Kunstgewerbemuseum ausgestellt. Neben der Tuchmacherei entwickelten sich auch das Brauereiwesen sowie das Handwerk, und auch die Landwirtschaft spielte eine wichtige Rolle in der Stadt. Vom 14. bis zum 19. Jahrhundert wurde die Stadt durch eine Ringmauer mit drei Stadttoren (Richtung Wittstock, Perleberg und Kyritz) geschützt, von der sich nur wenige Reste im Norden an der Dömnitz erhalten haben. 1540 nahm der erste lutherische Pfarrer sein Amt in Pritzwalk auf. Die Stadt litt wiederholt stark unter der Pest, Stadtbränden und kriegerischen Auseinandersetzungen. So lebten 1640 kaum 40 männliche Personen in der Stadt.

Von 1686 bis 1806 war Pritzwalk Garnisonstadt. 1821 war das Jahr des großen Stadtbrandes, den nur 40 Häuser überstanden. Der Wiederaufbau war durch bescheidene zweigeschossige Wohnhäuser gekennzeichnet, von denen auch heute noch etliche vorhanden sind. Mitte des 19. Jahrhunderts begann die Industrialisierung, die durch Molkereien, Brennereien, Mühlen, Ziegeleien und die Tuchfabrik zu einigem Wohlstand führte. 1884 erfolgte der Anschluss an die Eisenbahn. Ende des 19. und in der ersten Hälfte des 20. Jahrhunderts kamen immer mehr städtische Einrichtungen hinzu (Gas- und Stromversorgung, Amtsgerichte, Postamt). Am 2. August 1936 führte der Olympia-Fackellauf von Berlin nach Kiel durch die Stadt. Ein mit V2-Raketen beladener Munitionszug explodierte am 15. April 1945 im Bahnhof, nachdem dieser von einem alliierten Flugzeug beschossen wurde, das wiederum vom Bahnhofsgelände aus angegriffen worden war. Durch die Explosion wurde das Gebiet rund um den Bahnhof verwüstet und ca. 200 Menschen fanden den Tod. Der Wiederaufbau begann in den 1950er Jahren. 1952 wurde Pritzwalk Kreisstadt des neu gegründeten Kreises Pritzwalk. Wie in weiten Teilen der DDR wurde auch hier die historische Altstadt städtebaulich vernachlässigt und an den Stadträndern wurden neue Wohnsiedlungen in Plattenbauweise errichtet. 1969 nahm das heute noch existierende Zahnradwerk Pritzwalk seine Arbeit auf, für deren Beschäftigte ein eigenes Plattenbauviertel errichtet wurde. Am 6. November 1989 und zwei Tage später, kurz vor dem Mauerfall, versammelten sich jeweils rund 2000 Menschen zum Friedensgebet in der Nikolaikirche bzw. zu einer friedlichen Demonstration in der Innenstadt. 1993 wurde die Stadt in den neuen Landkreis Prignitz eingegliedert.

Der erste Kirchbau an der Stelle der heutigen Stadtpfarrkirche St. Marien und St. Nikolai stammt vermutlich aus der Zeit um 1250 und wurde als Basilika mit Querschiff ausgeführt. Der Aus- und Umbau erfolgte um 1300, die Anlage des Umgangchores, des einzigen in der Prignitz, sowie die Erweiterung und Aufstockung zur heutigen Hallenkirche erfolgte ab 1425. Der Chor wurde 1441 geweiht. Ende des 15. Jahrhunderts erfolgte die Anfügung der zweigeschossigen Südkapelle (Tauf-/Winterkirche). Restaurierungen erfolgten 1880 bis 1882 und 1960. Der 72 Meter hohe Kirch-

St. Nikolai-Kirche in Pritzwalk

turm mit Feldsteinunterbau wurde 1880 bis 1882 in Backstein nach Plänen des Architekten Friedrich Adler in neugotischen Formen ausgeführt. Der aus Lindenholz geschnitzte zweigeschossige Flügelaltar aus der Zeit von 1470/80 ist eine Leihgabe aus der Kirche Alt Krüssow (5 km östlich von Pritzwalk). Erhalten sind zudem noch die Kanzel, der Taufstein und die Empore (aus der neugotischen Zeit). Die gusseiserne Altargarnitur besteht aus Berliner Eisenkunstguss nach einem Entwurf von Karl Friedrich Schinkel. In der Südkapelle befindet sich ein Glaskunstfenster, von der Künstlerin Ilse Fischer entworfen und von Katharina Peschel ausgeführt. An den Gewölbekonsolen existieren glasierte Teufelsmasken.

Die Katholische Kirche (Reepergang 10) entstand im südlichen Vorstadtbereich als Saalkirche aus Backstein mit einem Dachturm 1905/06, vermutlich nach Plänen des Kreisbauinspektors Schwarze. Das Pfarrhaus wurde angepasst an der Südseite angefügt.

Nach dem Stadtbrand 1821 musste auch das Rathaus neu gebaut werden. Es entstand an der Marktstraße 39 als ein Bau in Formen des Spätklassizismus der Schinkel-Nachfolge. Die Frontseite wird durch einen dreiachsigen Mittelrisalit akzentuiert. Die Seitengebäude und der Innenhof entstanden jedoch erst durch eine Erweiterung 1850.

In der Museumsfabrik (Meyenburger Tor 3a) befindet sich das kulturhistorische Museum der Stadt, in dem die Geschichte Pritzwalks und Umgebung, die Industrialisierung auf dem Lande und die Geschichte der Brauerei und Tuchfabrik, in denen das Museum untergebracht ist, dargestellt werden. Räumlich befindet sich das Museum in der ehemaligen Brauerei Schraube und in der Tuchfabrik. In der Tuchfabrik Draeger, hervorgegangen aus der Weberei Draeger, wurden vor allem Uniformen für das Militär, die Eisenbahn, die Post und uniformierte Amtspersonen hergestellt. 1883 kaufte sich der Prokurist Emil Quandt in die Firma ein und übernahm später weitere Anteile. Durch verschiedene Aktivitäten entwickelte sich die Familie Quandt von Pritzwalk zu einem der größten Familienunternehmen in Deutschland. Auf der Dömnitzinsel entstanden mehrere Industriebauten. Die Familie Quandt wurde in Pritzwalk nach dem Zweiten Weltkrieg enteignet und mit der Kreisgründung 1952 zog in das Verwaltungsgebäude der Fabrik die Kreisverwaltung ein, die hier bis 1993 ihren Sitz hatte. Nach jahrelangem Leerstand entwickelte sich ein Wohn- und Bildungsstandort, zu dem jetzt auch die Museumsfabrik

Rathaus in der Fußgängerzone der Innenstadt

gehört. Ebenfalls hier untergebracht ist die Tourismusinformation. Von einer begehbaren Aussichtsplattform gibt es einen schönen Blick über die Stadt und die sie umgebende Landschaft.

Das Kulturhaus in Pritzwalk (Kietz 63), 1959 im Stil der nationalen Bautradition errichtet, wurde Mittelpunkt der sozialistischen Gesellschaftsaktivitäten. Es gab einen großen Saal für mehr als 400 Personen, Klubräume, Lesestube mit Bibliothek und einen Schankraum. Vielfältige Aktivitäten fanden hier statt. 2022 wurde der Bau von der Wohnungsbaugesellschaft Pritzwalk übernommen, modernisiert und umgebaut. Der große Saal wurde umgestaltet, ein kleiner Saal angefügt und eine Bowlingbahn sowie ein kleiner Kinosaal für 204 Personen hergerichtet.

1974 bis 1978 entstand das Bibliotheksgebäude im Kietz 64 in Plattenbauweise. Das heute unter Denkmalschutz stehende Haus entstand durch den VEB Baureparaturen Pritzwalk mit VEB-Umgestaltung und bildende Kunst Potsdam sowie VEB Innenprojekt Halle. Charakteristisch ist das als Hyparschalenkonstruktion errichtete Dach. Das weitgehend unveränderte Gebäude ist ein Beispiel der DDR-Architektur der 1970er Jahre.

Museumsfabrik, Hainholz, Quandt-Mausoleum

Auf dem Städtischen Friedhof in der Perleberger Straße befindet sich ein kuppelbekrönter Rundtempel auf umlaufendem, schwerem Gebälk, der auf kannellierten Halbsäulenvorlagen ruht. Das in Formen der Antike entstandene Mausoleum wurde 1922 nach dem Entwurf des Architekten Arthur Stürsberg angefertigt, wohl für den Tuchfabrikanten Draeger. 1925 wurde es errichtet und von der Familie Quandt belegt.

Im Nordosten der Stadt befindet sich das Hainholz, eines der beliebtesten Ausflugsziele Pritzwalks. Das Erholungsgebiet ist insgesamt 2,5 km² (250 ha) groß und bietet eine Naturschutzstation, eine Waldschule mit Lehrgarten, einen Park der Jahresbäume, ein Naturkundemuseum, einen Streicheltierhof, das Waldschwimmbad und gastronomische Einrichtungen.

Evangelische Kirche St. Marien und St. Nikolai
Kirchstraße, 16928 Pritzwalk. Gemeindebüro Grünstraße 49, 16928 Pritzwalk, Tel.: 03395 302240, Mail: gb-pritzwalk@kirchenkreis-prignitz.de

Katholische Kirche St. Anna
Reepergang 10, 16928 Pritzwalk. Pfarrbüro Reepergang 10, 16928 Pritzwalk, Tel.: 03395 302216, Mail: hlkreuz@dekanat-wittenberge.de

Rathaus
Marktstraße 39, 16928 Pritzwalk. Tel.: 03395 76081110, Mail: buergermeister@pritzwalk.de

Museumsfabrik
Meyenburger Tor 3a, 16928 Pritzwalk. Tel.: 03395 76081120, Mail: museum@pritzwalk.de, www.museum-pritzwalk.de. Mo. geschlossen.

Touristinformation Pritzwalk
Meyenburger Tor 3a, 16928 Pritzwalk. Tel.: 03395 76081130, Mail: stadtinfo@pritzwalk.de, www.pritzwalk.de/seite/435038/touristinformation.html

Kulturhaus
Kietz 63, 16928 Pritzwalk. Tel.:03395 401117, Mail info@kulturhaus-pritzwalk.de, www.kulturhaus-pritzwalk.de

Hainholz Schwimmbad
Hainholz 1, 16928 Pritzwalk. Tel.:03395 302695. Mai bis Sept. geöffnet.

PUTLITZ

Alte Gänseburg, Kirche, Rathaus, Burghof, Gutsanlage, 1920er-Jahre-Scheune

Schon zu slawischer Zeit war Putlitz der Hauptort eines kleineren politischen Gebietes. Die erste urkundliche Erwähnung geht auf 946 zurück. Somit gehört Putlitz zu den ältesten Städten der Prignitz. Noch vor 1231 wurde die ursprünglich aus der Altmark gekommene Familie Gans (zu Wittenberge, später zu Putlitz) mit dem Gebiet belehnt. Sie errichtete in der Flussniederung der Stepenitz eine Burg und sie ist auch der Gründer der 1319 erstmals urkundlich erwähnten deutschen Stadt. Die Stadtstruktur ist in querovaler Form durch das gitterförmige Straßennetz mit Marktplatz gekennzeichnet. Wie bei anderen Städten auch, so ist die Geschichte von Putlitz bestimmt durch Fehden der Adelsfamilien, Feuersbrünste, Kriege, Hungersnöte und die Pest. Nach dem Dreißigjährigen

Krieg war die Stadt vollständig abgebrannt und eine Zeit lang unbewohnt. Durch die Ansiedlung von Menschen aus Holstein, Hannover und Sachsen gab es 1652 einen Neuanfang. 1801 gab es vier Jahr- und Viehmärkte in der Stadt, 153 Häuser und zahlreiche Gewerke. Überwiegend wurde der Lebensunterhalt durch Landwirtschaft und Viehzucht erbracht. Mitte des 19. Jahrhunderts lebten die Menschen hier von der Landwirtschaft und dem Handwerk und Putlitz wuchs bis 1900 auf 240 Häuser. 1896 erhielt die Stadt Bahnanschluss, den sie 2016 wieder verlor. Zu DDR-Zeiten lebten die meisten hier Wohnenden von der Landwirtschaft, der Tier- und Pflanzenproduktion.

Die Stadtpfarrkirche St. Nikolai wurde 1854 als Nachfolgebau verschiedener historischer Kirchenbauten an dieser Stelle errichtet. Der aus einer Mischung aus Backsteinen und gespaltenen Feldsteinen nach Plänen von Rosainsky entstandene Bau ist in historisierenden klassizistischen Formen entstanden und steht in der Schinkel-Nachfolge. Der Chorschluss ist polygonal mit schmückenden Ecklisenen und Filialen ausgeführt. Der Turm entstand 1909 in neugotischen Formen mit Jugendstileinschlag. Die Turmspitze wurde 1988 zerstört und 2010 erneuert. Im Innern findet sich ein hoher Raum, der durch die Einbeziehung des Dachraumes im »Mittelschiff« eine dreischiffige Basilika vortäuscht. Die Ausmalung wurde von Robert Sandfort neugestaltet und ergänzt, aber in den 1970er Jahren monochrom übertüncht. Der Altaraufsatz in neugotischen Formen ist aus dem Jahr 1888 und in Zinkblech hergestellt und mit einem Gemälde des segnenden Christus von 1854 von A. T. Kaselowski versehen. Die Orgel stammt aus dem Fertigstellungsjahr der Kirche 1854 und wurde von Friedrich Hermann Lütkemüller eingebaut. In der Kirche befindet sich zudem eine aus Eiche geschnitzte plastische Wappentafel für den 1731 verstorbenen Rudolf Heinrich Gans Edler Herr zu Putlitz.

Die nördlich der Altstadt gelegene Burg soll ihren Ursprung im 10. Jahrhundert haben und liegt auf einem Hügel, der von einem Wassergraben umgeben ist, gespeist von der Stepenitz. Die mehrfach ausgebaute Burg verfiel zusehends, so dass sie bis auf die Umfassungsmauern 1806 abgetragen wurde, weshalb es heute nur noch wenige Reste gibt: Fundamente des Palas (im Boden markiert), Mauerreste eines befestigten Raumes mit Kamin, Mauerreste und Zugang zu einem Kellerraum

Der Putlitzer Burg-Turm

Stadtpfarrkirche St. Nikolai

aus späterer Zeit sowie der Bergfried aus Backstein mit Feldsteinsockel. Dieser wurde 1890 als Aussichtsturm und Wahrzeichen der Stadt Putlitz wieder hergestellt und ist nur sehr selten zu besteigen.

Im Rathaus, das in der zweiten Hälfte des 18. Jahrhunderts als neunachsiger Fachwerkbau entstand, befindet sich auch die Bibliothek und die Infothek (Tourismusinformation). Hier gibt es zudem die Möglichkeit sich zu melden, wenn Interesse an der Besichtigung der Kirche, des Burgkellers und der Heimatstube besteht. Vor dem Rathaus befindet sich der 2019 nach Gebhard zu Putlitz benannte Platz. Dieser zu Putlitz wurde 1901 auf Laaske geboren, war Herr auf Burghof Putlitz, wurde von den Nationalsozialisten verfolgt und von den Kommunisten ins Gefängnis gebracht. Die Haft überlebte er nicht, er starb 1948 in Bautzen.

Das sogenannte Burghofer Herrenhaus wurde 1898 gebaut, 1936 erweitert und als Witwensitz der Familie Gans errichtet. Es steht auf dem Gebiet des ehemaligen Rittergutes Burghof bei der Burgruine (Alte Post 1). 1945 enteignet, diente das Haus lange Zeit in der Landwirtschaft tätigen Familien als Wohnort. In den 2010er Jahren wurde es restauriert und wird

Das Putlitzer Rathaus

jetzt als Übernachtungsstätte sowie als Tagungs- und Veranstaltungsort genutzt.

In der Straße Burghof befindet sich ein Teil der ehemaligen Gutsanlage, die 1878/90 durch Eugen Gans Edler Herr zu Putlitz angelegt wurde. Die unter Denkmalschutz stehende Anlage besteht aus dem Wirtschaftshof mit dem Inspektorenhaus, Ställen, Scheunen und Speicher sowie der ehemaligen Brennerei in der Pritzwalker Straße 6–8.

Für Interessierte an der Architektur der 1920er Jahre ist an der Ecke Parchimer Straße/An der Zeppelinscheune ein außergewöhnlicher landwirtschaftlicher Bau zu sehen: die Zeppelinscheune. Sie wurde 1928/29 mit einer spannenden Dachkonstruktion errichtet. Es handelt sich um ein Zollinger-Lamellen-Dach, das in Systembauweise durch vorgefertigte einzelne Elemente rautenförmig zu einem Stabnetztragwerk zusammengebaut wurde. So entstand die ungewöhnliche Spitztonnen-Dachform.

1891 wurde Paul Theodor Hoffmann in Putlitz geboren. Er war viele Jahre Schriftleiter, Feuilletonredakteur und Theaterkritiker für Zeitungen in Dresden und Hamburg. Weitere Stationen seines Lebensweges waren

1926 bis 1933 Stadtarchivar in Altona, anschließend Leiter des Hamburgischen Amtes für Wissenschaft, Kunst und Volksbildung sowie ab 1941 Leiter des Theaterwissenschaftlichen Instituts der Universität Hamburg, wo er 1944 einen Lehrauftrag erhielt. 1941 bis 1951 publizierte er das Hamburger Jahrbuch für Theater und Musik. Er starb 1952 in Hamburg.

Kirche
Jungfernsteg. Gemeindebüro Ernst-Thälmann-Straße 17, 16949 Putlitz.
Tel.: 033981 80545, Mail: gb-putlitz@kirchenkreis-prignitz.de

Rathaus mit Infothek (Tourismusinformation)
Gebhard-zu-Putlitz-Platz 1, 16949 Putlitz. Tel.: 033981 508904,
Mail: bibliothek-putlitz@arcor.de, www.putlitz.de

Burghofer Herrenhaus (Unterkunft, Tagungsort, Eventlocation)
Alte Post 1, 16949 Putlitz. Tel.: 0800 7994422,
Mail: info@burghofer-herrenhaus.de, www.burghofer-herrenhaus.de

SEDDIN (GEMEINDE GROSS PANKOW)

Dorfkirche, Königsgrab von Seddin

Die Feldsteindorfkirche, die als Saalbau mit rechteckigem, eingezogenem Chor errichtet wurde, stammt ursprünglich aus der Zeit um 1300, wurde im 15. Jahrhundert verändert und nach einer teilweisen Zerstörung 1739 wieder aufgebaut. Die südliche Vorhalle entstand 1904. Interessant ist der südöstlich der Kirche freistehende Glockenturm. Er wurde zweigeschossig mit Zeltdach und Rundbogenöffnungen 1923 fertiggestellt. Im Inneren befinden sich aus der Wolfshagener Schlosskapelle ein figürlicher Grabstein (Ilse zu Putlitz, gest. 1579) und geschnitzte Wappentafeln für weitere Verstorbene der Familie.

Von Seddin in Richtung Kreuzburg unterwegs, zweigt nach ca. 450 Metern ein kleiner Weg in Richtung Königsgrab ab, das sich nach einem weiteren Kilometer am Ende des Weges befindet. Der imposante Grabhügel, der die 3,5 m^2 große Grabkammer überdeckt, war ursprünglich neun Meter hoch und vermutlich mit Steinen abgedeckt, so dass sich der Eindruck eines Steingebäudes ergab. Aufgrund der Höhe und der damals waldlosen Umgebung war es ein landschaftsbeherrschender Bau. Mit dem Grab ist die örtliche Sage des »Riesen König Hinz« verbunden,

Die Dorfkirche von Seddin wurde aus Feldsteinen errichtet.

der hier in einem dreifachen Sarg beerdigt worden sein soll. Die heutigen Störungen/Abgrabungen des Hügelgrabes gehen auf die professionelle Gewinnung von Steinen für den Chausseebau ab 1881 zurück. 1899 wurde die Grabkammer durch zwei Arbeiter entdeckt, und es folgte eine unfachliche Bergung eines Teils der Ausstattung, so dass schon damals schließlich hinzugerufene Fachkräfte die Fundzusammenhänge nicht mehr eindeutig rekonstruieren konnten. Ein Teil der Funde befindet sich im Berliner Märkischen Museum/Stadtmuseum Berlin, einzelne Originale und Kopien sind in Perleberg, Havelberg und Brandenburg/Havel zu sehen. Die großzügige Ausstattung des Grabes mit mindestens 41 Gegenständen ist für das späte 9. Jahrhundert v. Chr. im bronzezeitlichen Norden ungewöhnlich. In einer bronzenen Amphore mit einem Buckeldekor befindet sich die männliche Hauptbestattung. Das Dekor wurde auf das Mondjahr und das Sonnenjahr dechiffriert. Somit war die bestattete Person auch über den Tod hinaus mit dem Universum verbunden. Weitere Grabbeigaben – u.a. Miniaturen von Waffen, Kamm, Meißel, Tüllenbeil, Messer und Pinzette – deuten darauf hin, dass es

Das Seddiner Königsgrab ist das größte bronzezeitliche Grab in Deutschland.

Der Grabhügel ist heute von Wald bewachsen.

sich um eine Art Sakralkönig mit religiöser, militärischer, politischer und wirtschaftlicher Macht handelte. In zwei weiteren Tongefäßen sind weibliche Leichenbrände enthalten. Dieses Grab gilt in Nordeuropa als bedeutendstes Grabgelege des 9. Jahrhunderts v. Chr. und zeigt, dass die hier Lebenden schon lange Zeit über das Flusssystem der Stepenitz und Elbe in ein europäisches Verbundsystem von religiösen Ritualen, Handel und Kommunikation eingebunden waren. Seit 2016 ist der »Siedlungs- und Ritualraum Königsgrab Seddin« mit ca. 56,6 km² (5 660 ha) eines der größten Grabungsschutzgebiete Deutschlands. 2022 wurden weitere archäologische Forschungsarbeiten zum Siedlungsumfeld des Grabhügels begonnen.

Kirche
Die Kirche steht in der Dorfmitte, zwischen Seddin 42 und Seddin 12.
Pfarramt Berge, Tel.: 038785 904922, Mail: evpfarramtberge@gmx.net

Königsgrab
Koordinaten: 53°08'06.47'' N, 11°58'28.47'' O

STEPENITZ

Klosterstift Marienfließ

Im Jahre 1231 gründeten die Gans Edle Herren zu Putlitz' an der Stepenitz, nahe der Grenze zu Mecklenburg, ein Zisterzienserinnenkloster. Die Klostergründung sollte der Grenzsicherung dienen und dabei das nur sechs Kilometer weiter östlich gelegene Meyenburg unterstützen. Durch Zukäufe und Schenkungen konnte der Grundbesitz des Klosters sowohl in Brandenburg als auch in Mecklenburg erheblich erweitert werden. Angeblich befand sich im Kloster eine Reliquie mit dem Blut Christi, die im 14. Jahrhundert erwähnt wurde. Ein erhoffter Aufschwung als Wallfahrtsort entwickelte sich jedoch nicht. Im Zusammenhang mit der Reformation wurde das Kloster 1544 in ein evangelisches Damenstift umgewandelt. Während der Grundbesitz in Mecklenburg verloren ging, konnte er in der Herrschaft Putlitz erhalten bleiben unter der Voraussetzung der Anerkennung der Herren Gans als Obrigkeit. Im Dreißigjährigen Krieg wurde die nördlich der Kirche gelegene Klosteranlage vollständig

Klosterstift Marienfließ

zerstört. Das Kloster wurde mühsam neu, mit anderen Bauten, wieder errichtet. 1928 wurde das Stift nach Stepenitz eingemeindet und nach dem Zweiten Weltkrieg entstand ein Stift für alte und pflegebedürftige Menschen.

Die Kirche Ss. Maria und Maria Magdalena stammt ursprünglich aus den Jahren 1301 bis 1325 und ist ein einschiffiger, langgestreckter Bau aus Feld- und Backsteinen. Da sich auf der Nordseite früher die Klausurgebäude (die Ordensangehörigen vorbehalten waren) des Klosters befanden, sind die Fenster dort nur als Hochfenster angelegt. Die Südseite ist abwechslungsreicher gestaltet und hat zwei Eingänge, die mit rohen und glasierten Backsteinen geschmückt sind. Auch die Umrahmung des Westeingangs ist mit derartigen Steinen ausgeführt. 1829 erhielt die Kirche außen zusätzliche Stützpfeiler. Der Turm, wohl ursprünglich von 1598, wurde 1829 erneuert und mit einem oktogonalen Helm versehen. Das Innere wurde durch Baurat Wilhelm Walther 1900/01 neugotisch hergerichtet und ausgemalt. Schön sind die farbenfrohen Wappen Prignitzer Adelsgeschlechter, die mit dem Stift in Verbindung standen.

Innenansicht des Klosterstifts

1870 wurde in Stepenitz Alexander Schuke als Sohn des örtlichen Pfarrers geboren. 1885 kam er nach Potsdam, machte dort sein Abitur und lernte dann Orgelbaumeister bei Carl Eduard Gesell. Nach dessen Tod 1894 übernahm er sein Geschäft. Zeitweilig arbeitete er bei Sauer in Frankfurt (Oder) und konnte dort Erfahrungen im modernen Orgelbau erwerben. Alexander Schuke entwickelte die Firma zu einem der führenden Orgelbaubetriebe Deutschlands. Mit seinem Tod im Jahre 1933 übernahmen dessen Söhne Karl Ludwig und Hans-Joachim die Firma.

Evangelisches Stift Marienfließ
Stiftsverwaltung 10, 16945 Marienfließ OT Stepenitz. Tel.: 033969 208990,
Mail: stift@marienfliess.de, www.marienfliess.de

WOLFSHAGEN

Schloss mit Museum

Das Gebiet am Zusammenfluss von Dömnitz und Stepenitz war schon 1000 v. Chr. besiedelt. Die erste urkundliche Erwähnung stammt aus dem Jahr 1392. Der Ort lag seitdem im Herrschaftsgebiet der Familie Gans. 1567 wird eine Mühle erwähnt und 30 Jahre später ein Markt. Im Dreißigjährigen Krieg wurde Wolfshagen 1636 schwer geplündert. Die Anzahl der bewohnten Häuser hat sich von 1791 bis 1846 nur von 21 auf 22 erhöht und bis 1931 auf 34. 1946 wurde das Gut Wolfshagen enteignet. Es entstanden Landwirtschaftliche Produktionsgenossenschaften (LPG), Einrichtungen der Tier- und Pflanzenproduktion, die nach 1990 in eine Agrargenossenschaft umgewandelt wurden. 2002 wurde Wolfshagen in die neu entstandene Gemeinde Groß Pankow (Prignitz) eingegliedert.

Das Schloss steht an der Stelle, an der vermutlich auch die erste Burg der Familie Gans an der Stepenitz errichtet wurde. Die Geschichte des Schlosses ist durch Teilungen, Erbschaften und Konkurse sehr vielgestaltig. Das heutige Gebäude entstand bis 1787 zum Teil auf sehr viel älteren Fundamenten. Es handelt sich um einen stattlichen winkelförmigen, zweigeschossigen Bau, dessen eher schlichte Fassaden 1911 neobarock überformt wurden. Beim Einmarsch der sowjetischen Armee wurde der Gutsbesitzer Hans Albrecht zu Putlitz vertrieben und das Schloss Flüchtenden zur Verfügung gestellt. Von 1952 bis 1998 wurde das Gebäude als Schule genutzt, wodurch es zu Beeinträchtigungen der Bausubstanz, z. B. bei den Leinwandtapeten und den Treppen, kam. Danach kümmerte sich der Fördererverein des Schlosses um die Wiederherstellung des Baus, so wurden u. a. die barocke Haupttreppe und die Fassade im barocken Stil von 1787 mit originalem Farbton wieder hergestellt und das Schlossmuseum eröffnet. Hier sind Einrichtungen und Gebrauchsgegenstände aus der Schlosszeit und andere Güter der Familie Gans ebenso zu besichtigen wie der neugestaltete Kapellenraum mit Originalstücken der 1982 abgerissenen Kapelle und ein Schulzimmer aus DDR-Zeiten. Im Obergeschoss ist u. a. eine der bedeutendsten Sammlungen an Gebrauchsgeschirr von Bernhard von Barsewisch zu betrachten.

In den 1850er Jahren wurde ein ursprünglich großer, zu beiden Seiten der Stepenitz liegender Park nach Plänen von Peter Joseph Lenné als

Wolfshagen: Schloss, historisches Gerät an der Wassermühle, Landschaft in der Umgebung

Landschaftspark angelegt. Nach 1945 verwilderte der Park, es wurden im Parkbereich Kleingärten angelegt, und es kam zu Abholzungen. 1967/68 wurden Wohnhäuser im Park errichtet, im östlichen Teil zwei große Maschinenhallen gebaut, und im Nordbereich entstand ein Werksgelände mit Werkswohnungen. Im Nahbereich des Schlosses wurden der Schulhof und Spielplätze angelegt. Seit 1998 werden die Restflächen am Schloss wieder hergestellt. Westlich des Schlosses an der Putlitzer Straße/Sandweg entstand auf einer älteren Anlage ein großzügiger Wirtschaftshof mit zum Teil farbigen, gespaltenen Feldsteinen. Zur Anlage gehören z. B. Scheunen, Ställe, Brennerei, Schmiede und Stellmacherei, Inspektorenhaus und Gutsarbeiterhäuser. Die meisten Gebäude entstanden in der zweiten Hälfte des 19. Jahrhunderts.

Schloss Museum Wolfshagen
Putlitzer Straße 16, 19348 Groß Pankow (Prignitz). Tel.: 038789 61063, Mail: info@schlossmuseum-wolfshagen.com, www.schlossmuseum-wolfshagen.com.
Mi.–So. 11–17 Uhr, im Januar und Februar nur am Wochenende 11–17 Uhr.

Rund um Wittstock

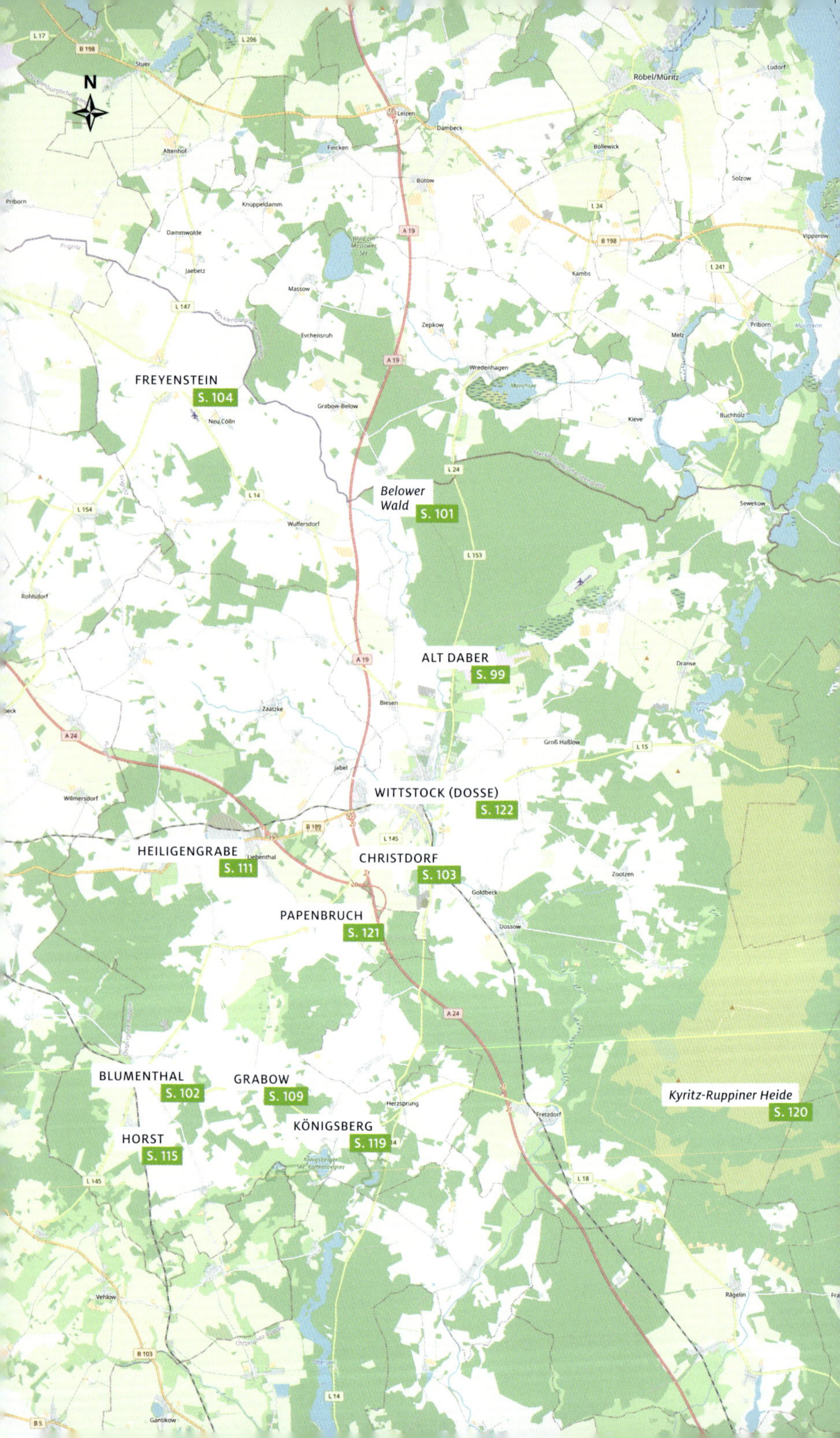

N
FREYENSTEIN
S. 104
Belower
Wald
S. 101
ALT DABER
S. 99
WITTSTOCK (DOSSE)
S. 122
HEILIGENGRABE
S. 111
CHRISTDORF
S. 103
PAPENBRUCH
S. 121
BLUMENTHAL
S. 102
GRABOW
S. 109
KÖNIGSBERG
S. 119
HORST
S. 115
Kyritz-Ruppiner Heide
S. 120
Röbel/Müritz
Ludorf
Stuer
Leizen
Dambeck
Altenhof
Fincken
Bollewick
Bütow
Solzow
Priborn
Knüppeldamm
Dammwolde
Vipperow
Jaebetz
Kambs
Massow
Zepkow
Evchensruh
Melz
Wredenhagen
Grabow-Below
Neu Cölln
Kieve
Buchholz
Wulfersdorf
Sewekow
Rohlsdorf
Dranse
Biesen
Zaatzke
Groß Haßlow
Jabel
Wilmersdorf
Liebenthal
Zootzen
Goldbeck
Dossow
Herzsprung
Fretzdorf
Vehlow
Rägelin
Gantikow

ALT DABER

Modellpark Prignitz, Kräuter- und Findlingsgarten, Daberturm mit Ausstellung zur Natur (Mineralien, Fossilien, Pilze)

Nur wenige Kilometer nördlich von Wittstock befindet sich der kleine Ort Alt Daber. Er liegt am heutigen Berlinchener Kanal. Hier, am Schnittpunkt einer historischen Straßenverbindung zwischen Wittstock und Röbel mit dem Gewässer, wurde zwischen 1401 und 1450 eine Burg zur Sicherung der Grenze nach Mecklenburg und zum Schutz von Wittstock errichtet. Der Ort selbst ist vermutlich schon älter, da hier nach einer Urkunde von 1284 Verhandlungen zwischen den mecklenburgischen Herrschern von Werle und denen von Brandenburg stattfanden. Erhalten von der Burg ist ein mächtiger runder Wach- und Wohnturm aus Backsteinen, der auf einem Feldsteinsockel steht, sowie ein Zwinger genannter Anbau. Mitte des 19. Jahrhunderts wurde das Bauwerk nach damaligen Vorstellungen verändert. Heute gehört die bauliche Anlage zu den wenigen erhaltenen Außenanlagen von städtischen Wehrsystemen (für Wittstock).

Daberturm mit Forsthof

Ausstellung im Daberturm

Kurz nach der Regierungsübernahme der Nationalsozialisten richteten diese provisorische Haftstätten ein. So entstand im April 1933 durch die SA-Standarte II/39 eine Art frühes Konzentrationslager im Keller der Lungenheilstätte Devo. Vom 28. April bis zur Überstellung der Gefangenen in das KZ Oranienburg am 13. Juli 1933 wurden hier politische Gegner gedemütigt, misshandelt und gefoltert.

Im historischen ehemaligen Burggebäude, das lange Zeit von der Forstverwaltung genutzt wurde, ist seit 2010 unter dem Namen Daberturm (Alt Daber 11) eine Erlebnisausstellung zu sehen. Auf 150 m² wird über Geologisches, Flora und Fauna informiert. Zur Ausstellung gehören auch Mineralien, ein Pilzmodell mit 200 verschiedenen Pilzarten sowie im Freigelände verschiedene Miniaturmodelle von Brandenburgischen Bauwerken. In der Ausstellung wird auch die alte Zeit wieder lebendig, in der die Grenzgegend zu Mecklenburg wichtig für Schmuggler war.

Südöstlich des Dorfes befindet sich das Gelände des ehemaligen Flugplatzes. Zunächst bestand hier ein Segelflugplatz, der von 1935 bis 1939 als Fliegerhorst mit einer Fallschirmspringerschule und den dazugehörigen

Gebäuden ausgebaut wurde. 1941 trat hier der Boxweltmeister im Schwergewicht (1930–1932) Max Schmeling seine Ausbildung zum Fallschirmjäger an, was von den Nazis entsprechend propagandistisch ausgenutzt wurde. Auch der Schauspieler Joachim Fuchsberger erhielt hier seine militärische Ausbildung. Nach dem Zweiten Weltkrieg wurde die Anlage von den sowjetischen Luftstreitkräften bis zu deren Abzug 1994 genutzt. Diese hatten 1952 die aus verdichtetem Rasen bestehenden Start- und Landebahnen auf einer Länge von knapp 2,5 Kilometern asphaltiert. Nach teilweisem Rück- und Umbau wurde hier 2011 mit 850 000 Dünnschicht-Solarmodulen ein Solarkraftwerk mit später dazugekommenen Batteriespeichern errichtet. Einige der heute noch bestehenden Funktionsbauten der Fluganlage stehen inzwischen unter Denkmalschutz.

Erlebnisausstellung Daberturm
Alt Daber 11, 16909 Wittstock/Dosse. Tel.: 03394 4037759,
Mail: daberturm@wittstock.de, www.wittstock.de/verzeichnis/objekt.php?mandat=76912. Nov. bis April geschlossen. Mo. und Di. geschlossen.

Ehemaliger Flugplatz
Flugplatzallee, 16909 Wittstock/Dosse OT Alt Daber

BELOWER WALD

Gedenkstätte Todesmarsch

Fast an der Grenze zu Mecklenburg-Vorpommern liegt die Gedenkstätte Belower Wald. Am 21. April 1945, kurz vor Ende des Zweiten Weltkrieges, trieb die SS mehr als 30 000 im KZ Sachsenhausen inhaftierte Menschen, unter ihnen auch Frauen und Kinder, zu Fuß auf den Todesmarsch in Richtung Nordwesten. Im Belower Wald wurden 16 000 von ihnen ab dem 23. April 1945 zusammengezogen und mussten hier ohne Unterkunft und Versorgung ausharren. Sie wurden mit Stacheldraht umzäunt und von einer Kette von SS-Posten bewacht. Am 29. April wurden sie weitergetrieben und die meisten von ihnen im Mai im Raum Parchim-Ludwigslust von der sowjetischen oder US-amerikanischen Armee befreit. Nachdem die vorhandene Gedenkstätte 2002 bei einem neonazistischen Brandanschlag teilweise zerstört wurde, entstand eine neugestaltete

Open-Air-Ausstellung mit Projektwerkstatt, die im April 2010 anlässlich des 65. Jahrestages der Befreiung eröffnet wurde.

Gedenkstätte Todesmarsch im Belower Wald
Belower Damm 1, 16909 Wittstock. Tel.: 039925 2478,
Mail: below@gedenkstaette-sachsenhausen.de, www.below-sbg.de

BLUMENTHAL

Aussichtsturm bei Blumenthal

Nördlich von Blumenthal steht ein hoch in die Ostprignitzer Landschaft ragender hölzerner Aussichtsturm. Mit einer Gesamthöhe von 44,65 Metern gehört er zu den höchsten Aussichtstürmen aus Holz in Deutschland. Er ist über die Straße der Einheit (L 145) zwischen Blumenthal und Blandikow über zwei Feldwege zu erreichen. Von einem kleinen Parkplatz aus wird der Fuß des Turmes über einen ansteigenden, teils aus

Einer der höchsten Aussichtstürme aus Holz in ganz Deutschland

Stufen bestehenden, Fußweg erreicht. Entlang des Weges über 23 Höhenmeter informieren Tafeln über verschiedene Sehenswürdigkeiten, Sagen und gastronomische Einrichtungen in der Umgebung.

Die Idee zur Errichtung dieses Turmes entstand bei Wanderungen von vier befreundeten Familien aus der Region über die Blumenthaler Berge, die im Jahre 1999 in der Gründung des Vereins Aussichtsturmbau Blumenthal e. V. mündeten. Nach einigen Jahren der Vorbereitung und des Bauens konnte der Turm im September 2004 eingeweiht werden. Die hölzerne Turmkonstruktion aus Eichen- und Lärchenholz steht auf einer Höhe von knapp 97 Metern über NHN (Normalhöhennull). Nach dem Ersteigen von fast 190 Stufen ist die Aussichtsplattform in 36 Metern Höhe erreicht. Von hier aus gibt es einen fantastischen Blick in die Prignitzer Landschaft und in die nicht mehr genutzte Kiesgrube zu Füßen des Turmes. Zur Erhaltung des Turmes wird mit einer Kasse des Vertrauens um einen Eintritt von 1,00 € gebeten.

Aussichtsturm Blumenthal
Koordinaten: 53° 5' 31,6" N, 12° 20' 56,4".
Kontakt: Am Pötterberg 4, 16909 Heiligengrabe OT Blumenthal.
Tel.: 033984 71872, Mail: info@blumenthal-mark.de

CHRISTDORF

Stüler-Kirche mit fast vollständig erhaltener Innenausstattung

Im kleinen Ort Christdorf steht ein bemerkenswerter Kirchbau. Friedrich August Stüler hat hier 1835 bis 1837 einen roten Backsteinbau nach seinen Plänen errichten lassen. Die Kirche gilt als Pendant zur Kirche St. Peter und Paul in Berlin-Nikolskoe, die ebenfalls 1837 geweiht wurde. Der viergeschossige Mittelturm entstand in italienischen Formen, hier jedoch mit einem quadratischen, flachen Zeltdach. Im Inneren befindet sich eine dreiseitige Empore, eine Balkendecke und eine im Original erhaltene feingliedrige Ausmalung. Der Name des Dorfes, das 1420 das erste Mal urkundlich erwähnt wurde, geht in diesem Fall nicht auf das Gotteshaus, sondern auf den slawischen Personennamen Krik zurück und wurde später an Christ angeglichen.

Stüler Kirche
Christdorfer Dorfstraße 48, 16909 Wittstock/Dosse OT Christdorf.
Schlüssel nach tel. Anmeldung bei Roland Kissmann, Christdorfer Dorfstraße 46, Tel.: 033965 40105

FREYENSTEIN

Kirche, Altes und Neues Schloss, Minna Cauer, Archäologischer Park

Aufgrund der Lage Freyensteins im Grenzgebiet von Brandenburg und Mecklenburg kam es immer wieder zu kriegerischen Auseinandersetzungen. Die erste urkundliche Erwähnung gab es im Jahre 1263 unter dem Namen »Vrigenstene«. Da es immer wieder zu Zerstörungen des Ortes kam, wurde er 1287 etwas weiter östlich an geschützter Stelle neu errichtet. Auf der Fläche der ehemaligen Stadt befindet sich heute der Archäologische Park Feyenstein. Als einzige Stadt der Prignitz erhielt Freyenstein brandenburgisches Stadtrecht und wurde ab dem 14. Jahrhundert immer wieder an verschiedene Adelsfamilien verpfändet. Im Laufe der Zeit sank die Stadt bis zu einem Flecken herab und erhielt erst wieder 1865 die Stadtrechte. 2003 wurde Freyenstein zur Stadt Wittstock/Dosse eingemeindet. Der mittelalterliche Stadtgrundriss mit seiner Gitterstruktur ist erhalten geblieben. Frühere Bauten sind durch zahlreiche Stadtbrände verloren gegangen, so dass das Stadtbild heute überwiegend durch zweigeschossige, traufständige Häuser aus dem 18. und 19. Jahrhundert geprägt ist.

Die Kirche, das älteste Gebäude Freyensteins, vis-à-vis des Marktplatzes, wurde 1325 mit der Altarweihe vollendet. Sie wurde als dreischiffige, frühgotische Kirche aus Feldsteinen unter teilweiser Verwendung von Backsteinen zu Ehren der Heiligen Jungfrau Maria errichtet. Der Turm kam vermutlich erst um 1700 hinzu. Durch zahlreiche Brände und Wiederaufbauten ist die Kirche im Laufe der Zeit verändert worden. Die Orgel stammt vom Potsdamer Orgelbauer Heise. Der von zwei ionischen Doppelsäulen eingerahmte Altartisch, vermutlich aus dem Jahr 1807, stammt ebenfalls aus Potsdam. Die im Westen stehende Doppelempore und das Kreuzgratgewölbe sind wohl aus der Zeit um 1718.

Grundmauern der ehemaligen Burg

Das sogenannte Alte Schloss (Burg) wurde vermutlich 1556 für C. von Rohr nach Plänen des italienischen Renaissancebaumeisters Dominicus Parr errichtet. Bereits 1332 war an dieser Stelle eine Burg genannt worden. Heute steht nur noch der Kopfbau des Westflügels der vermutlich ehemaligen Dreiflügelanlage. An den Erkern, in Giebelfeldern und am Treppenturm befindet sich Terrakottaschmuck. Im Laufe der Zeit ist die Anlage verfallen. 1968 bis 1974 wurde der noch erhaltene Teil restauriert und dabei der Terrakottaschmuck von der Werkstatt Hedwig Bollhagen ergänzt. Heute wird das Gebäude als Trauzimmer und Museum genutzt. Im Museum gibt es auch ein Modell, das anschaulich darstellt, wie das Schloss in früherer Zeit ausgesehen haben könnte.

Das westlich gelegene Neue Schloss wurde Ende des 16. Jahrhunderts von der Familie von Rohr ausgebaut. Im Kern handelt es sich wohl um ein älteres Festes Haus (Bau mit starken Mauern). Um 1620 bezog die Familie von Winterfeld das Gebäude, musste es jedoch später aus finanziellen Gründen veräußern, konnte es 1701 zurück erwerben und bewohnte es in Teilen bis 1938. Von 1926 bis 1950 wurde das Haus als Hotel mit Gast-

Verwunschen: die Reste des Alten Schlosses

Wittstocker Tor am Neuen Schloss

stätte genutzt und diente in der unmittelbaren Nachkriegszeit auch als Flüchtlingsunterkunft. Von 1951 bis 1964 beherbergte es die Schule von Freyenstein und bis 1976 noch den Schulhort. Anschließend waren hier ein Produktionsort des Obertrikotagenwerkes Wittstock mit Großküche und Essensräumen sowie Clubräume untergebracht. Ebenso befand sich im Haus die Stadtbibliothek, die – nach zwischenzeitlicher Schließung – das Gebäude auch 2015 bis 2020 nutzte. Dann wurde sie endgültig geschlossen. Nach langjährigen umfassenden Restaurierungsarbeiten befindet sich seit 2016 hier die Information für Besuchende und das Büro des Archäologischen Parks.

Am 1. November 1841 wurde die heute wohl bekannteste ehemalige Einwohnerin der Stadt geboren: Wilhelmine »Minna« Cauer, geborene Schelle. Als Pfarrerstochter wuchs sie mit ihren drei Geschwistern in Freyenstein auf. Nach ihrer Schulausbildung an verschiedenen Orten heiratete sie 1862 den Arzt August Latzel, der 1866 starb. Nach erfolgter einjähriger Ausbildung zur Lehrerin arbeitete sie als solche in Paris und an der Mädchenschule in Hamm, an der sie Eduard Cauer kennenlernte. Sie heiratete den Witwer, der fünf Kinder mit in die Ehe brachte, in Freyenstein. 1871 gingen sie nach Danzig und 1876 nach Berlin, wo ihr Mann 1881 starb. Als 40-jährige Witwe widmete sie sich der geschichtlichen Erforschung des Frauenlebens und übernahm die Leitung des Viktoria-Lyzeums. 1888 war sie Mitbegründerin des Vereins Frauenwohl, den sie bis 1919 leitete. 1895 gründete sie die Zeitschrift *Frauenbewegung* und wurde zur Anführerin einer linken bürgerlichen Frauenbewegung. Einer ihrer Schwerpunkte war der Kampf um das Frauenwahlrecht. Den Versailler Vertrag lehnte sie ab, ebenso wie die Abtretung Oberschlesiens an Polen nach dem verlorenen Ersten Weltkrieg. Sie starb am 3. August 1922 in Berlin. Die Straße in Freyenstein, in der ihr Geburtshaus steht, ist nach ihr benannt.

Mit dem Archäologischen Park wartet Freyenstein mit einer deutschlandweiten Besonderheit auf. Hier besteht die Möglichkeit, eine ganze Stadt auf 25 Hektar Fläche als wüste Siedlung zu betrachten und die Siedlungskultur des 13. Jahrhunderts unverfälscht nachzuempfinden. Vermutlich Anfang des 13. Jahrhunderts von den Havelberger Bischöfen am Rand der Prignitzer Hochfläche gegründet, kam es – wie schon erwähnt – durch die Grenzlage zum benachbarten Mecklenburg immer wieder zu kriegerischen Auseinandersetzungen, die die Stadt schwer in Mitleidenschaft zogen. Es wurde beschlossen, die Stadt in der geschützteren Lage der Dosse-Niederung etwas östlicher neu anzulegen. Die Gebäude der alten Stadt wurden bis zur Erdoberkante abgetragen und die Fläche fortan landwirtschaftlich genutzt. Ab den 1980er Jahren begannen archäologische Forschungsmaßnahmen. Grabungen, geomagnetische Untersuchungen und moderne Messmethoden ließen die Stadtanlage mit Marktplatz und den umgebenden Häusern, einigen befestigten Straßen und einer Burg nachvollziehbar werden. Das seit 2007 für Besuchende zugängliche Gebiet ist heute mit einem Audioguide-System mit rund 40 Stationen begehbar. Ein historischer Feldsteinkeller und eine freigelegte alte Straße sind ebenso zu bewundern wie das symbolisch nachgebaute Pritzwalker Stadttor mit Aussichtsplattform und eine historische Marktplatzsituation mit Figuren und Handelsware aus Cortenstahl und Porzellan. Die Audioguide-Beiträge lassen die Vergangenheit anschaulich lebendig werden und eignen sich auch für Schulkinder. Eintrittskarten und Audioguides gibt es im Neuen Schloss, Marktstraße 48. Unbedingt ausreichend Zeit einplanen.

Kirche
Predigerstraße 38, 16909 Wittstock/Dosse OT Freyenstein. Offene Kirche. Okt. bis März geschlossen.

Besucherinformation Altes und Neues Schloss und Archäologischer Park
Marktstraße 48, 16909 Wittstock/Dosse OT Freyenstein. Tel.: 033967 60057, Mail: park.freyenstein@wittstock.de, www.park-freyenstein.de. Startpunkt der Besichtigungstouren mit Audioguide für das Alte Schloss und den Archäologischen Park sowie Museumsshop. Nov. bis April sowie Mo. geschlossen.

Geburtshaus von Minna Cauer
Minna-Cauer-Straße 2, 16909 Wittstock/Dosse OT Freyenstein. Gedenktafel

GRABOW (BEI BLUMENTHAL)

Dorfkirche, Gutshaus

Paul Schultze-Naumburg hat das Gutshaus in Grabow entworfen, das für den Forstmeister von Lindequist 1912 bis 1914 mit einem Mittelrisalit mit

Gutshaus

Die Grabower Dorfkirche

Kolossalpilastern und einem krönenden Dreiecksgiebel errichtet wurde. Paul Schultze-Naumburg, eigentlich als Paul Eduard Schultze bei Naumburg geboren, war Maler, Kunsttheoretiker, Architekt, Publizist und Politiker der NSDAP. Sein sicherlich bekanntestes Bauwerk ist das Schloss Cecilienhof in Potsdam. Der frühe Schultze-Naumburg galt als Reformer und übte großen Einfluss auf den Heimatschutzstil aus. Der Mitbegründer des Werkbundes hing in der Weimarer Republik einer germanischen Architektur an, verließ den Werkbund 1927 und wirkte, nachdem er 1930 Mitglied der NSDAP wurde, gegen das Bauhaus in Dessau. Er war ab 1932 bis zum Kriegsende Mitglied des Deutschen Reichstages und lieferte mit seinem Buch »Kunst und Rasse« die Vorlage für die Ausstellung »Entartete Kunst« der Nationalsozialisten. Seine Bedeutung für reformerische künstlerische Erneuerung um 1900 wird durch seine Verstrickungen mit dem Nationalsozialismus und seinen menschenverachtenden Schriften verdüstert. Vielleicht kommt es nicht von ungefähr, dass sich jetzt auf dem Grundstück Anhänger der sogenannten »Anastasia«-Landsiedlerbewegung niedergelassen haben, die als völkische Siedler mit einer esoterischen Naturromantik antimoderne und antidemokratische Ressentiments bedienen.

Die malerische Dorfkirche ist ein rechtwinkliger Fachwerkbau mit verbrettertem Turm mit achtseitiger geschlossener Laterne. Der Ursprungsbau stammt von 1595, der Turm von 1792. Im Inneren befindet sich eine Westempore, barocke Kanzel und eine Orgel von Friedrich Hermann Lüttkemüller.

Dorfkirche
Gegenüber Blumenthaler Straße 15, 16909 Heiligengrabe OT Grabow bei Blumenthal

Gutshaus Grabow
Blumenthaler Straße 20, 16909 Heiligengrabe OT Grabow bei Blumenthal

HEILIGENGRABE

Kloster-Stift zum Heiligengrabe, Naturlehrpfad, Kneipp-Anlage

1287 gründete Markgraf Otto V. ein Zisterzienserinnenkloster unweit des Dorfes Techow, das zwei Jahre später durch Nonnen des Klosters Neuendorf bei Gardelegen in der Altmark besiedelt wurde. Stück für Stück entstand in den nächsten Jahrhunderten die Klosteranlage. Infolge der Reformation kam es zu Auseinandersetzungen zwischen dem Kloster und dem Kurfürsten, die 1549 mit der Anerkennung der evangelischen Kirchenordnung endeten. 1740 erhob Friedrich II. das Kloster zum evangelischen Damenstift. Eine Bildungsanstalt für verarmte adlige Mädchen entstand 1847. Das erste Heimatmuseum der Prignitz befand sich hier von 1909 bis zum Ende des Zweiten Weltkrieges. Während der Zeit des Nationalsozialismus konnte die Äbtissin durch persönlichen Einsatz und Kontakte bis in höchste Regierungskreise die Eingliederung in das nationalsozialistische Erziehungswesen verhindern. Zum Kriegsende verließen die verbliebenen Frauen das Kloster. Nach einjähriger Nutzung durch die sowjetische Armee siedelten sich hier vertriebene Diakonissen der Friedenshort-Schwesternschaft aus Schlesien an, ein Pflegeheim entstand. Ein neuer Konvent wurde 1996 eingeführt. Heute ist das Kloster Lebensraum für den Konvent von Frauen sowie Museums- und Kultur-

Fassade der Heiliggrabkapelle

Blick auf die Stiftskirche

ort. Seit gut zehn Jahren befindet sich auch eine Gemeinschaftsschule in freier Trägerschaft hier.

Die Stiftskirche ist ein typischer schlichter und schmaler einschiffiger Kirchenbau der Zisterzienserinnen aus Feld- und Backsteinen. Mit dem Bau wurde wohl um 1300 begonnen. Die Datierung des Dachwerkes weist auf eine Fertigstellung Ende des 15. Jahrhunderts hin. In der innen schmucklosen Kirche stehen ein Marienaltar mit Mondsichelmadonna, eine Kanzel, eine Taufe und einige Grabplatten.

An die Kirche schließt sich die Klausur an, deren älteste Teile auf 1301 zurückgehen und die noch vor Mitte des 14. Jahrhunderts vollendet wurde. Nach einem Brand 1719 wurden hofseitig Fachwerkgiebel und hölzerne Galerien gebaut. Im 19. Jahrhundert (1842, 1844 bis 1847) fanden Restaurierungen und Umgestaltungen durch Friedrich August Stüler statt.

Westlich der Stiftskirche und axial auf diese ausgerichtet befindet sich die Heiliggrabkapelle. Sie wurde 1512 an der Stelle eines Vorgängerbaus als einschiffige Hallenkirche mit Sternengewölbe errichtet. Die Mauern

Im Inneren der Heiliggrabkapelle

bestehen aus Back- und Feldstein und die Giebelseiten sind durch Stufengiebel mit Maßwerk und schlanken Pfeilern gestaltet. Der Inneneindruck ist geprägt durch die gotisierende Umgestaltung mit Jugendstileinflüssen von 1903/04. Beteiligt waren Johannes Otzen (Entwurf), Otto Berg (Ausführung) und August Oetken (Entwurf Glasmalereien). In der Mitte ein Scheingrab, das Heilige Grab (bauliche Nachahmung des Grabes Christi), das der Kirche ihren Namen gab.

An der Straße nach Heidelberg befindet sich seit 2003 der Naturlernpfad »Rote Brücke« mit einer Länge von 2,9 km. Neben einem Labyrinth, einem Baumtelefon, einer Barfußstrecke und einer Tierweitsprunganlage besteht die Möglichkeit, sich an neun Stationen über den Wald und die hier lebenden Tiere zu informieren. Etwas weiter in Richtung Heidelberg befindet sich direkt am Nadelbach eine Kneipp-Anlage, die durch den Bach gespeist wird.

Kloster Stift zum Heiligengrabe
Stiftgelände 1, 16909 Heiligengrabe. Tel.: 033962 808-0,
Mail: info@klosterheiligengrabe.de, www.klosterstift-heiligengrabe.de
Heiliggrabkapelle, Klosteranlage, Museum und Ausstellungen mit monatlich wechselnden Öffnungszeiten. Mo. geschlossen.

Naturlernpfad »Rote Brücke«
Zur Roten Brücke, 16909 Heiligengrabe

Kneipp-Anlage
An der Straße in Richtung Heidelberg bzw. Hoheheide, direkt am Nadelbach.

HORST (BEI BLUMENTHAL, GEMEINDE HEILIGENGRABE)

Burgruine und Park, Kapelle mit einem Grabmal von Schadow

In Horst befindet sich die Ruine einer ehemaligen Burg. Diese Burg wurde um 1534 durch Bischof Georg von Blumenthal, Bischof von Lebus und von 1490 bis 1550 Kanzler der Viadrina in Frankfurt an der Oder, zu einer stattlichen Anlage ausgebaut. Von der ehemaligen dreiflügligen Anlage um einen Hof sind nur Reste des nordwestlichen Flügels und des polygonalen Treppenturms erhalten. Die Backsteinbauten sind seit dem 19. Jahrhundert Ruinen.

Gegenüber der Ruine steht das Neue Schloss, das Anfang des 18. Jahrhunderts errichtet und um 1910 verändert wurde. Es handelt sich um einen stattlichen eingeschossigen Bau mit einem Mansardwalmdach, der noch auf seine Restaurierung wartet. Westlich der Ruine und des Gutshauses befinden sich noch Reste des Landschaftsparkes mit Teich. Seine ursprüngliche Gestaltung erfolgte um 1860.

Von der ursprünglichen Gutsanlage aus der zweiten Hälfte des 19. Jahrhunderts sind noch das Inspektoren-, Wohn- und Forsthaus, Ställe, Scheune, Schmiede, Werkstattgebäude und eine Wassermühle erhalten. Der Ort war lange Zeit im Besitz des alten Prignitzer Adelsgeschlechts derer von Blumenthal, die hier ihren Stammsitz hatten. 1810 wurde das Gut an die Familie von Möllendorff veräußert, die es bis 1945 in Besitz hatte.

Gegenüber der Zufahrt zum Gutshof befindet sich die als rechteckiger Fachwerkbau 1687 errichtete ehemalige Gutskapelle. Im Inneren steht ein

Reste der alten Burg

Die Gutskapelle

Grabmal für den Gutsbesitzer in der Kapelle

Das Neue Schloss in Horst stammt aus dem 18. Jahrhundert.

Werk von Johann Gottfried Schadow. Das von ihm geschaffene Grabmal des Grafen Hans von Blumenthal und ein dazugehöriges Holzgitter wurden nach der Restaurierung 2014 wieder in der Kirche aufgestellt. Den Schlüssel zur Besichtigung der Kapelle erhält man im Gutshof bei Familie von Lewinski.

Aus der DDR-Zeit steht noch das Gebäude der ehemaligen Landwirtschaftlichen Berufsschule in Horst. Das zweigeschossige Gebäude aus dem Jahre 1954 wurde mit einem hohen vorgesetzten Portikus mit fünf Säulen und einem darüberliegenden Giebelfeld versehen. In diesem findet sich eine szenische Darstellung, die das Landleben verherrlicht.

Burgruine und Park
Gut Burghof, 16909 Heiligengrabe OT Blumenthal/Horst

Kapelle mit einem Grabmal von Schadow
Zwischen Zum Burghof 2 und 3, 16909 Heiligengrabe OT Blumenthal/Horst. Schlüssel bei Familie von Lewinski, Gut Burghof 10, 16909 Heiligengrabe OT Blumenthal/Horst. Tel.: 033984 8599-0, www.gutburghof.de

KÖNIGSBERG

Dorfkirche, Gutshaus, Naturschutzgebiet Königsberger See

Das älteste Gebäude des bereits 1274 erstmals urkundlich erwähnten Dorfes ist die Dorfkirche. Sie wurde Anfang des 16. Jahrhunderts auf einem erhöhten Gebiet als Feldsteinsaalbau errichtet. Die Ostwand der Kirche wurde mit einem Backsteingiebel mit dreireihigen Blenden geschmückt und wird seit dem 18. und 19. Jahrhundert durch mächtige Backsteinstrebepfeiler gehalten. Der massive Westturm mit Backsteinblendbogen unter dem Satteldach wurde 1480 bis 1482 an ein früheres Kirchengebäude angefügt. Im Inneren befinden sich ein hölzerner Altaraufbau in Spätrenaissance, ein weiterer Schnitzaltar von 1520, eine hölzerne Kanzel von 1630, eine mit Wappen verzierte Patronatsloge sowie eine Lütkemüller-Orgel von 1844.

Das Gutshaus aus der ersten Hälfte des 18. Jahrhunderts wurde im 19. Jahrhundert klassizistisch umgebaut und zu DDR-Zeiten zeitweise als Schule genutzt und erweitert. Das jetzt privat bewohnte Gebäude wurde in Absprache mit dem Denkmalschutz ab 2011 wieder hergestellt.

Südlich des Ortes befindet sich der 53 ha große Königsberger See der zum insgesamt 2,25 km² (225 ha) großen Naturschutzgebiet »Königsberger See, Kattenstiegsee« gehört. Zugleich ist es auch FFH-Gebiet (geschützt nach der Flora-Fauna-Habitat-Richtlinie der EU) mit 2,63 km² (263 ha). Die Moorniederungen um den See herum entstanden durch die Verlandung von mehreren in Kesseln liegenden Seen. Die Gewässer sind Lebensraum u. a. für Fischotter, Biber, Rotbauchunken und Kammmolche. Am Ostufer befindet sich am Barenthiner Weg auch ein Campingplatz mit Badestrand.

Dorfkirche
Königsberger Dorfstraße 65, 16909 Heiligengrabe OT Königsberg.
Schlüssel bei Dr. Fred Sobik, Königsberger Dorfstraße 85, Tel.: 033965 40141

Gutshaus
Königsberger Dorfstraße 48, 16909 Heiligengrabe OT Königsberg

Campingplatz am Königsberger See
(mit öffentlichem Badestrand und Imbiss)
Barenthiner Weg 5, 16909 Heiligengrabe OT Königsberg. Tel.: 033965 40441,
Mail: camping-koenigsberg@gmx.de. Nov. bis März geschlossen.

Naturlandschaft in der Kyritz-Ruppiner Heide

KYRITZ-RUPPINER HEIDE

Auch Wittstock-Ruppiner Heide genannt

Auf einer Fläche von ca. 12 km² (12 000 ha) befand sich ab 1952 ein Truppenübungsplatz der Gruppe der Sowjetischen Streitkräfte in Deutschland. Neben Panzerübungen wurden auch Bombenabwürfe im Tiefflug trainiert. Hierdurch entstand der Name Bombodrom. Nachdem der Platz von den sowjetischen bzw. russischen Streitkräften 1993 verlassen wurde, ging das Gelände, das auch Wittstock-Ruppiner Heide genannt wird, an die Bundeswehr über. Nach langjährigen friedlichen Protesten in der Region gegen eine militärische Weiternutzung gab die Bundeswehr 2009 den Verzicht auf die weitere Nutzung bekannt. Seitdem wird das Gelände Stück für Stück durch die Bundesanstalt für Immobilienaufgaben (BImA) und die Heinz-Sielmann-Stiftung von den gefährlichen Hinterlassenschaften der Militärs befreit. 2016 und 2017 wurden im südlichen Bereich Wege für die touristische Nutzung zwischen Rossow, Pfalzheim und Neuglienicke freigegeben. Vom Heideturm auf dem Heinz-Sielmann-Hügel bietet sich aus 15 Metern Höhe ein fantastischer Blick über die größte zusammenhängende Heidefläche Europas mit ihren Lebensräumen für selten gewordene Tiere, Vögel, Pflanzen, Insekten etc.

Zugang von Rossow, 16909 Wittstock/Dosse OT Rossow, über den Heide-Erlebnisweg. Weitere Zugangsmöglichkeiten über Pfalzheim oder Neuglienicke.

PAPENBRUCH

Bergbau, Nachtwächterhäuschen, Dorfkirche, Pfarrhaus, Schaugarten Arche

Das Ende des 13. Jahrhunderts (um 1292) erstmalig erwähnte Dorf ist ein klassisches märkisches Straßendorf. Im Laufe seiner Geschichte ist es mehrmals abgebrannt, zuletzt 1829. Die Industrialisierung der Prignitz machte die Umgebung von Papenbruch zum Bergbaugebiet mit teilweise bis zu 50 Meter tiefen Stollen für den Abbau von Braunkohle für die Wittstocker Tuchfabrik. Südöstlich von Papenbruch wurde von 1969 bis 1971 Ziegelton gewonnen. Auf dem Grundstück der Dorfstraße 26 befindet sich als malerisches Ensemble, direkt neben dem Spritzenhaus (1846/55), das ehemalige Nachtwächterhäuschen. Das ebenfalls 2000 sanierte kleine »Häuschen« stammt aus der zweiten Hälfte des 19. Jahrhunderts. Papenbruch konnte über die Zeitläufe hinweg bis heute sein ursprüngliches Gepräge erhalten.

Die ebenfalls abgebrannte Dorfkirche aus dem 16. Jahrhundert wurde 1832 bis 1834 als Saalkirche mit gespaltenen Feldsteinen im Stil der romantischen Neugotik wieder aufgebaut. Der obere Teil des Turmes wurde in Backstein ausgeführt und 1889 aufgestockt. Die Ausstattung im Inneren stammt noch weitgehend aus der Erbauungszeit. Die Orgel, die Anfang des 20. Jahrhunderts eingebaut wurde (1902/04), stammt von Albert Hollenbach, dem Schüler eines im Ort geborenen Orgelbaumeisters.

In der Papenbrucher Dorfstraße 19 befindet sich ein historischer Pfarrhof. Es ist das einzige Bauwerk, das zehn Jahre nach seiner Erbauung den Stadtbrand von 1829 überstanden hat. In dem Vorgängerbau war 1815 der Orgelbaumeister Friedrich Hermann Lütkemüller als Sohn des Pfarrers und Schriftstellers Samuel Christoph Abraham Lütkemüller geboren worden. Friedrich Hermann Lütkemüller war u. a. in St. Petersburg, Reval, Wittstock, Stavenhagen, Tangermünde und Havelberg tätig und gilt als einer der bedeutendsten Orgelbaumeister des 19. Jahrhunderts in Norddeutschland. Das in den 1980er Jahren vom Pfarrerehepaar liebevoll restaurierte und jetzt unter Denkmalschutz stehende Ensemble wurde ab 2007 durch den Christlichen Verein Junger Menschen (CVJM) nach Plänen des Garten- und Landschaftsarchitekten Prof. em. Dr. Siegfried Sommer aus Dresden zum Schaugarten Arche erweitert. Auf über 7000 m² befinden sich hier ein Eselgehege, eine Streuobstwiese, ein Bibel- und ein Rosengarten. Ein Naturlehrpfad führt durch ein Quellmoor, in dem sich die Quellen der Jäglitz befinden. Der Schaugarten Arche ist ein lohnendes Ausflugsziel für Familien.

Dorfkirche
Papenbrucher Dorfstraße 27, 16909 Heiligengrabe OT Papenbruch

Nachtwächter- und Spritzenhaus
Papenbrucher Dorfstraße 26, 16909 Heiligengrabe OT Papenbruch

Pfarrhaus und Schaugarten Arche
Papenbrucher Dorfstraße 19, 16909 Heiligengrabe OT Papenbruch.
Tel.: 03394 721322, Mail: kontakt@schaugarten-arche.de,
www.schaugarten-arche.de. Mitte Okt. bis April geschlossen.

WITTSTOCK (DOSSE)

Kirche, Museen in der alten Bischofsburg,
Gedenkort Schlachtfeld 1636, Gartenanlagen

Nach den Eingemeindungen im Jahre 2003 ist Wittstock mit rund 420 km² (42000 ha) Fläche eine der flächengrößten Städte Deutschlands und durch die urkundliche Erwähnung im Jahre 946 auch eine der ältesten Städte Brandenburgs. Gelegen am Zusammenfluss der Glinze mit der Dosse war es ursprünglich eine slawische Siedlung. 1248 erhielt Wittstock das Stendaler Stadtrecht und wurde Sitz des Bischofs von Havelberg. Die hierfür errichtete Burg wurde auf einer ehemals slawischen Befestigung gebaut und bis 1550 von den Bischöfen genutzt. Im Dreißigjährigen Krieg wurde die Stadt mehrfach besetzt. 1636 fand südlich der Stadt eine bedeutende

Die Stadtmauer von Wittstock mit dem Hauptturm der alten Bischofsburg

Schlacht statt. 1681 wurde Wittstock Station auf der Postroute Berlin–Güstrow (Fahrzeit mit der Pferdekutsche nach Berlin damals 24 Stunden!). Im 18. Jahrhundert gab es, wie auch früher schon, erneut Stadtbrände mit verheerenden Auswirkungen, so dass 1750 Kolonisten aus der Pfalz und Württemberg angesiedelt wurden, und die neu errichteten Fachwerkhäuser aus dieser Zeit prägen zum Teil noch heute das Altstadtbild. Eine wichtige Rolle spielte in Wittstock die Tuchmacherei. Der erste Tuchmacher wurde bereits 1825 erwähnt. 1885 erfolgte der Anschluss Wittstocks an das Eisenbahnnetz. Im Ersten Weltkrieg wurde ein Lazarett in der Stadt eingerichtet. Die Nationalsozialisten errichteten ein frühes KZ für Wittstock in Alt Daber. Bei einem Luftangriff im Februar 1945 gab es schwere Treffer in den Außenbezirken. 1945 wurde Wittstock durch die Rote Armee besetzt, die bis 1994 eine Garnison hier unterhielt. Ab 1952 war Wittstock Kreisstadt und ging 1993 im neuen Landkreis Ostprignitz-Ruppin auf. Heute leben rund 14 000 Menschen in Wittstock.

Von der ursprünglichen Stadtbefestigung aus Feld- und Backsteinen ist noch fast der komplette kreisförmige Mauerring erhalten. Die Wehr-

Marienkirche, Marktplatz mit Rathaus, Vitrine im Museum des Dreißigjährigen Krieges

anlage mit Wällen wurde mehrfach verändert und restauriert. Von den ursprünglich drei Stadttoren ist nur das Gröper Tor im Norden erhalten geblieben. Der Turm wurde um 1450 errichtet und 1503 aufgestockt.

Die Evangelische Stadtpfarrkirche St. Marien und St. Martin geht in ihrem Ursprung auf die Zeit um 1240 zurück und steht in Zusammenhang mit dem planmäßigen Ausbau der Stadt und dem Sitz der Havelberger Bischöfe. Ab Ende des 13. Jahrhunderts erfolgte der Ausbau zu einer dreischiffigen Hallenkirche. Nach 1451 erfolgte die Erweiterung der Kirche nach Osten, bei der sie auch den geraden Chorabschluss erhielt. Die Kirche war ursprünglich dem Heiligen Martin gewidmet und wurde mit der Ausbreitung des Marienkultes auch der Schutzherrschaft Marias unterstellt. So entstand 1497 die Marienkapelle auf der Nordseite, ein Jahr später folgte eine Kapelle auf der Südseite. Nach Beschädigungen, u. a. durch Stadtbrände, wurde die Kirche mehrfach saniert und verändert. 1704 entstand der heutige Turm mit einer dreifach gestuften Haube. Die untere Ebene ist als Aussichtsplattform zugänglich. Bemerkenswert ist der spätgotische Altaraufsatz, der vermutlich 1846 aus zwei überei-

Das Rathaus von 1905 mit dem markanten neugotischen Stufengiebel.

nander angeordneten Schnitzaltären von 1530 (unten) bzw. 1520 (oben) aufgestellt wurde. Sehenswert sind u. a. auch die hölzerne geschnitzte Kanzel von 1608, eine 1,50 m hohe Sandsteinmadonna mit Jesus und Vogel aus der Zeit Ende des 14. Jahrhunderts, das Taufbecken in Kelchform, gestiftet 1634, sowie eine nachgebildete, überlebensgroße Bischofsfigur (Original im Märkischen Museum Berlin). Das Holz der Originalfigur wurde auf das Ende des 13. Jahrhunderts datiert. Das Orgelprospekt von 1845 stammt von Friedrich Hermann Lütkemüller (siehe S. 121). Die ursprüngliche Orgel wurde 1935 durch ein neues Instrument aus der Orgelbauwerktsatt von Alexander Schuke in Potsdam ersetzt.

Das Rathaus mit einem hohen neugotischen Stufengiebel stammt von 1905. Beim Bau wurden historische Bauteile wie ein barockes Tonnengewölbe mit einbezogen. Der Turm ist eine freie Nachgestaltung eines älteren Turmes aus dem 18. Jahrhundert.

Am südlichen Rand der Altstadt steht, ursprünglich durch Mauer und Gräben von dieser getrennt, die Bischofsburg. Die Burg wurde als Residenz der Havelberger Bischöfe von 1246 bis 1255 angelegt und zwischen

Massengrab aus dem 17. Jahrhundert im Museum des Dreißigjährigen Krieges

1451 und 1500 erweitert. Sie besteht heute aus Oberburg, Unterburg sowie Burgmauer mit Wiekhäusern, Burgtoren und Türmchen. Nach der Reformation wurde die Burganlage als Amtshof genutzt und die Burggebäude verfielen. Die mittelalterliche Bebauung ist mit Ausnahme der Ummauerung und dem Hauptturm am nördlichen Zugang zur Oberburg verschwunden. In der Unterburg wurde 1930 eine Jugendherberge als Fachwerkbau errichtet. Dieses Gebäude wird gemeinsam mit dem Hauptturm als Museum Alte Bischofsburg und Museum des Dreißigjährigen Krieges genutzt. Während sich das Ostprignitzmuseum mit der Regionalgeschichte beschäftigt, zeigt das Museum des Dreißigjährigen Krieges auf sieben Etagen im Turm Zeugnisse der damaligen Kriegszeit: Waffen und Ausrüstungsgegenstände, Münzen, Kriegsberichte etc. Themen sind nicht nur der Soldatenalltag, sondern auch das Leben der einfachen Menschen im Krieg, Waffentechnik, große Schlachten – wie vor Wittstock 1636 – bis hin zum »Erschöpfungsfrieden« 1648.

Im Bohnekampweg befindet sich die Gedenk- und Aussichtsplattform zur Schlacht von 1636. Sie wurde in zwei Etappen, 2011 und 2015, eröffnet. Hier, am Scharfenberg, fand am 24. September 1636 eine der größten Feldschlachten des Dreißigjährigen Krieges statt, in deren Verlauf bis zu 8000 Söldner ihr Leben verloren. Bei Baggerarbeiten wurden zahlreiche Skelette gefunden. So kam es zur größten deutschen schlachtfeldarchäologischen Arbeit, an der zwölf verschiedene wissenschaftliche Disziplinen beteiligt waren. Auf dem sechs Quadratkilometer großen Schlachtfeld gab es 2700 Funde (Skelette, Schmuck, Kleidung, Ausrüstungsgegenstände). In der Ausstellung werden die Ursachen, der Ablauf und die Nachwirkungen der Schlacht anschaulich dargestellt. Sie ist in einer ehemaligen Zisterne mit Audio- und Videoinstallationen zu sehen.

In Wittstock lebten eine Zeit lang die Eltern von Alfred Wegener (geboren 1880 in Berlin, gestorben 1930 in Grönland), dem Entwickler der Theorie der Kontinentalverschiebung.

1824 wurde Luitgarde Lorenz in Wittstock geboren. Sie wurde als demokratische Revolutionärin 1848 in Berlin bekannt, als sie bei der Übergabe einer gestickten Fahne in den Revolutionsfarben Schwarz, Rot, Gold eine Rede hielt und am Sturm auf das Zeughaus teilnahm. Immer wieder trat sie als Sprecherin demokratischer Frauen auf. Ihr weiterer Lebensweg war schillernd: Sie lebte unter mehreren verschiedenen Vornamen und mehreren verschiedenen Nachnamen, die sie immer wieder neu kombinierte. Sie wohnte in unterschiedlichen Orten in Europa und war auch als preußische Spionin tätig.

Am Haus Markt 2 ist eine Gedenktafel für Melli Beese, die erste Pilotin Deutschlands und Flugzeugkonstrukteurin, angebracht, die im damaligen Hotel Deutsches Haus mit ihrem aus Frankreich stammenden Ehemann, Charles Boutard, inhaftiert war. Amelie Hedwig Beese (1886 bis 1925) machte 1911 ihren Pilotenschein, stellte verschiedene Rekorde auf (Dauerflug- und Höhenweltrekord für Frauen) und gründete ein Jahr später eine eigene Flugschule in Johannisthal (damals bei Berlin). 1913 heiratete sie ihren Teilhaber Charles Boutard und nahm die französische Staatsbürgerschaft an. Nach Inhaftierung und Ende des Ersten Weltkrieges musste sie von vorn anfangen. Tuberkulosekrank und ohne Mittel ging sie 1925 in den Freitod.

Westlich der Stadtmauer befindet sich entlang der Glinze der Friedrich-Ebert-Park. Die ehemaligen Wallanlagen wurden im 19. Jahrhundert gärtnerisch gestaltet. Im Rahmen der Landesgartenschau 2019 entstan-

Aussichtsplattform am Gedenkort Schlachtfeld 1636, Denkmal für die Opfer des Faschismus im Friedrich-Ebert-Park, Häuser am kleinen Graben

den hier ein Rosengarten, ein Hostagarten, ein Fuchsiengarten und der Fontane-Garten »Hier ist's gut sein« sowie eine Feuchtwiese und ein Erlebnisspielplatz. Auf den ehemaligen Wallanlagen entlang der Brinkmauer wurde zeitgleich der Park am Bleichwall als vielfältige Parkanlage angelegt. Entlang der Promenade an der Dosse gibt es Hortensien, Weiden und Rosenbeete sowie den Fontane-Garten »Im Garten«. An der alten Bischofsburg stoßen beide Parkanlagen aufeinander.

Wittstock hat eine lange Tradition der Rosen. 1460 hatte der Bischof Konrad der Stadt einen Festplatz mit Rosen und Linden geschenkt – er heißt bis heute Rosenplan. Der Wittstocker Lehrer, Garten- und Rosenfreund und Vorkämpfer des Vereins Deutscher Rosenfreunde, Friedrich Schneider II, sorgte mit seinen Ausstellungen dafür, dass die Rose zum Kultobjekt der hier Lebenden wurde. Zwei Rosen wurden nach ihm benannt. Seit 2015 hat Wittstock auch eine eigene Rose: die Rosa Wizoka. Wittstock möchte die Stadt der 1000 Rosen werden, deshalb ist die Rose überall im Stadtgebiet zu finden.

Gröper Tor
Gröperstraße 28, 16909 Wittstock/Dosse

Evangelische Stadtpfarrkirche St. Marien und St. Martin
Kirchplatz, 16909 Wittstock/Dosse. Gemeindehaus, St. Marienstraße 8, 16909 Wittstock/Dosse. Tel.: 03394 433314, Mail: b.buro@kirche-wittstock-ruppin.de, www.kirche-wittstock-ruppin.de

Rathaus
Markt 1, 16909 Wittstock/Dosse. Tel.: 03394 429-0, Mail: buergermeister@wittstock.de, www.wittstock.de

Museen »Alte Bischofsburg« und Museum des Dreißigjährigen Krieges
Amtshof 1–5, 16909 Wittstock/Dosse. Tel.: 03394 433725, Mail: kreismuseen.alte.bischofsburg@opr.de, www.mdk-wittstock.de. Mo. geschlossen.

Aussichts- und Gedenkplattform zur Schlacht bei Wittstock 1636
Bohnekampweg 1636, 16909 Wittstock/Dosse. Tel.: 0152 54650431, Mail: touristinfo@stadt-wittstock, de, www.wittstock.de. Nov. bis April sowie Mo. und Di. geschlossen.

Friedrich-Ebert-Park
Glinzmauer, 16909 Wittstock/Dosse. Tel.: 03394 429550, Mail: touristinfo@stadt-wittstock.de, www.rundum.wittstock.de

Park am Bleichwall
Brinkmauer, 16909 Wittstock/Dosse. Tel.: 03394 429550, Mail: touristinfo@stadt-wittstock.de, www.rundum.wittstock.de

Touristinformation
Am Bahnhof 2, 16909 Wittstock/Dosse. Tel.: 03394 429550, Mail: touristinfo@stadt-wittstock.de, www.rundum.wittstock.de

Links und rechts der Dosse

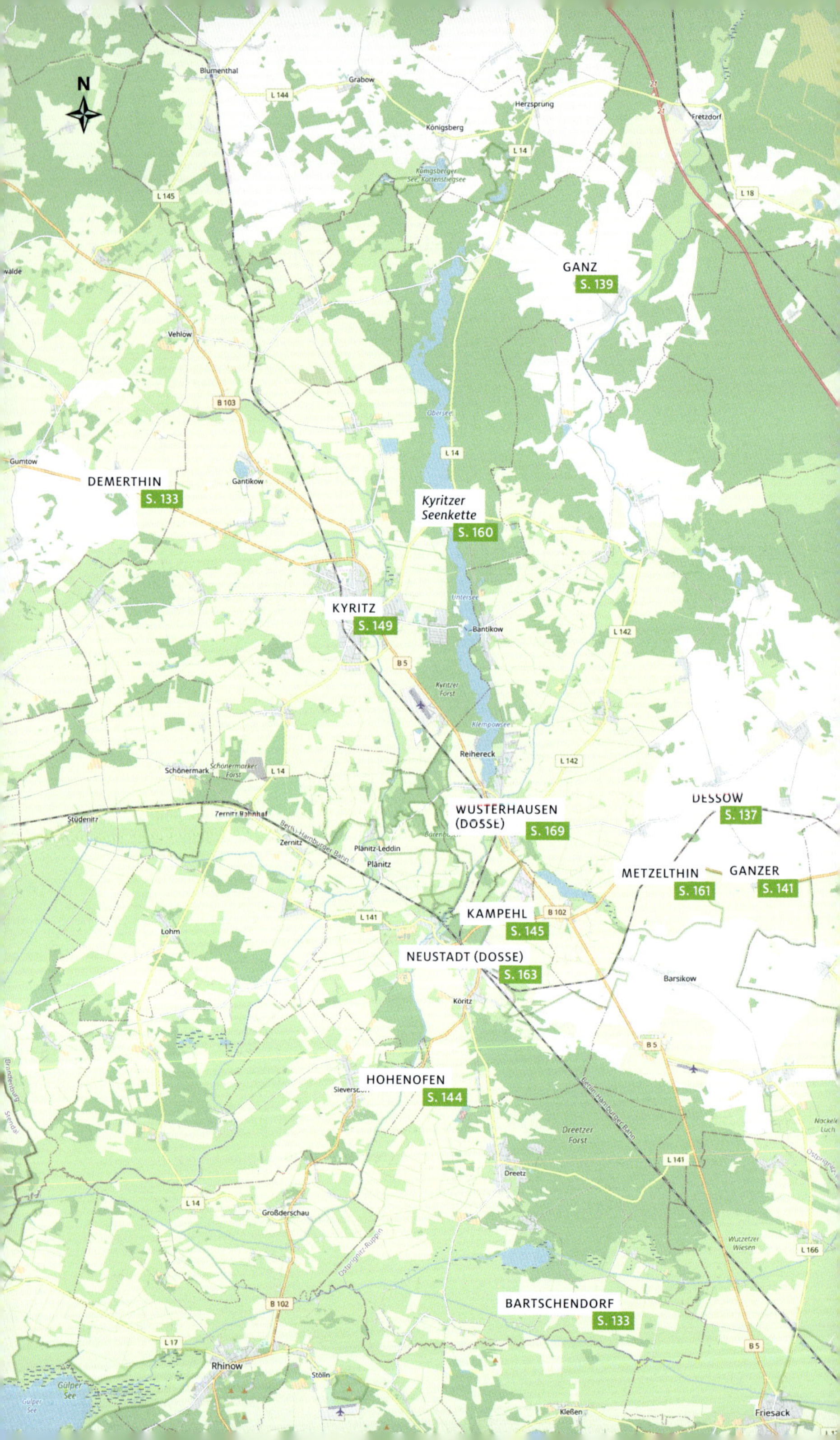

N
GANZ
S. 139
DEMERTHIN
S. 133
Kyritzer Seenkette
S. 160
KYRITZ
S. 149
WUSTERHAUSEN (DOSSE)
S. 169
DESSOW
S. 137
METZELTHIN
S. 161
GANZER
S. 141
KAMPEHL
S. 145
NEUSTADT (DOSSE)
S. 163
HOHENOFEN
S. 144
BARTSCHENDORF
S. 133
Blumenthal
Grabow
Herzsprung
Königsberg
Fretzdorf
Vehlow
Gumtow
Gantikow
Bantikow
Reihereck
Schönermark
Stüdenitz
Zernitz Bahnhof
Zernitz
Plänitz-Leddin
Plänitz
Lohm
Barsikow
Köritz
Dreetz
Großderschau
Rhinow
Stölln
Kleßen
Friesack
Gülper See
Dreetzer Forst
Kyritzer Forst
Berlin-Hamburger Bahn
L 144
L 145
L 14
L 18
B 103
L 142
B 5
L 141
B 102
L 17
L 166

BARTSCHENDORF

Japanischer Garten

Im Fliederweg 31 in Bartschendorf sind Gesine und Reiner Jochems seit 1995 dabei, einen japanischen Garten anzulegen. Die inzwischen weit gediehene Anlage befindet sich in ständiger Entwicklung. Auf 7500 m² Fläche wird hier japanische Gartenkunst umgesetzt. Mittelpunkt des Gartens ist, nach japanischem Vorbild, ein großer Trockenbachlauf, in dem Wasser durch Splitt und Schotter ersetzt ist. Der Garten öffnet sich, durch Bäume wie bei einem gerahmten Bild, in die Landschaft. Im Bonsai-Areal befinden sich viele verschiedene kleine Stauden und Bäume. Auch die typischen japanischen Zierkarpfen fehlen nicht im Teichgarten. Eine besondere Ruhe strahlt die Atmosphäre im Teegarten mit typischen Elementen wie Tor, Wege, Wartebank und Teehaus aus.

ROJI Japanische Gärten
Fliederweg 31, 16845 Dreetz/Bartschendorf. Tel.: 033970 86020,
Mail: mail@roji.de, www.roji.de. Geöffnet an ausgewählten Wochenenden,
Okt. bis März geschlossen.

DEMERTHIN

Kirche, Schloss

Demerthin war ursprünglich ein Runddorf, ist heute jedoch durch die Chaussee Berlin-Hamburg (Bundesstraße 5) zerschnitten. In der Umgebung befanden sich einst slawische Siedlungen. 1375 wurde Demerthin erstmalig in einer Urkunde erwähnt. Eine weitere urkundliche Erwähnung findet sich 1438. Schon vorher besaßen die von Klitzings den Ort. Mit nur einer kurzen Unterbrechung von wenigen Jahrzehnten waren sie bis 1945 im Besitz des Ortes. Die Reformation wurde in Demerthin 1541 eingeführt. Für 1846 wurden 42 Wohnhäuser genannt und im Jahre 1931 59 Wohnhäuser. Nach dem Zweiten Weltkrieg wurde die Familie von Klitzing enteignet. Das Land wurde auf die Gemeinde und auf über 100 Menschen übertragen, die neu Landwirtschaft betrieben bzw. in der Landwirtschaft tätig waren. Ab 1953 entstanden Landwirtschaftliche Pro-

Feldsteinkirche in Demerthin

duktionsgenossenschaften (LPG) für Tier- und Pflanzenproduktion, die nach der Einheit in eine GmbH überführt wurden.

Die Kirche ist ein spätgotischer Saalbau aus Feldstein aus der zweiten Hälfte des 15. Jahrhunderts. Der Westquerturm stammt aus der Zeit um 1500. Der neugotische obere Teil des Turms aus Backstein entstand 1896/97. Das Westportal ist von Backsteinen eingerahmt. Im östlichen Innenraum finden sich aufwendige Malereien der Passionsgeschichte Jesus und Heiligenlegenden. Sie wurden erst 1968/69 freigelegt und gelten als die einzigen ihrer Art in der Prignitz. Beeindruckend ist der reich geschnitzte Kanzelaltar aus der ersten Hälfte des 18. Jahrhunderts, der 1994 restauriert wurde. Reich geschnitzt sind auch die Wangen und der Korb. Auf dem Schalldeckel befindet sich Christus als Sieger, daneben Putten. Die Freifiguren von Moses und Christus aus dem 18. Jahrhundert sind nicht dazugehörig. Interessant ist noch der Pastorensitz von 1566 und die Brüstung des Patronatsgestühls von 1604. Das rechteckige Epitaph (Wanddenkmal für einen verstorbenen Menschen), mit Totenkopf, Sanduhr und Puttenköpfen, wurde für Ehrentraut von Klitzing errichtet,

Rekonstruiertes Portal am Renaissance-Schloss

Das als Schloss bezeichnete Herrenhaus

gestorben 1699. Das Patronat für die Kirche hatte die Familie von Klitzing. Die Orgel aus dem Jahre 1862 wurde von Friedrich Hermann Lütkemüller geschaffen.

Letzte Patronin der Kirche war die engagierte und auch populäre Adda von Klitzing (1876–1956), die während des Nationalsozialismus der Bekennenden Kirche angehörte. Von 1945 bis zu ihrem Tod lebte sie im Stift Marienfließ als Oberin (Domina).

Das als Schloss bezeichnete Herrenhaus entstand nach dendrochronologischen Untersuchungen 1599 bis 1602 auf einem fast quadratischen Grundriss aus Ziegel- und Feldsteinen. Dabei wurden Teile eines Vorgängerbaus mit einbezogen. Grundrisse, Wandoberflächen und Fenster wurden im 17./18. Jahrhundert verändert und der Turm erhöht. Die Giebel auf der Hof- und Gartenseite, die quer zum Satteldach stehen, täuschen ein drittes Geschoss vor, sind jedoch nur Dachflächen. Die ansonsten schmucklose Fassade wird durch kräftige Horizontalgesimse gegliedert. Zentral vor der Hofseite steht der sechseckige Turm, der 1748 eine barocke Schieferhaube erhielt. In den Turm integriert ist das in der Prignitz einmalige Sitznischenportal mit sächsisch beeinflusster Renaissance-ornamentik. Über dem Portalsturz befindet sich das Allianzwappen Andreas von Klitzings und das seiner Witwe Katharina von Oppen, der Bauherrin. Unter den Wappen befindet sich eine Inschrifttafel. Die mit Akanthuswerk reich geschmückten Eichentürblätter stammen aus der Zeit vor 1738. Portal, Wappen und Türblätter wurden 1992 und 2000 bis 2004 mit der historischen Farbgebung restauriert. Hinter dem Turmeingang befinden sich eine Wohndiele und im westlichen Erdgeschoss zwei sterngewölbte Räume. Ursprünglich wurde der Zugang zum Schloss auf der Hofseite von Fachwerkwirtschaftsgebäuden gerahmt, die einen Ehrenhof ergaben. Heute noch erhalten ist das Gebäude westlich des Herrenhauses, das 1908 als Inspektoren- und Wohnhaus errichtet wurde. Ende des Zweiten Weltkrieges nahm die sowjetische Armee das Haus in Besitz. Es entstanden Wohnungen für geflüchtete Menschen und später zogen noch die Dorfschule und ein Lebensmittelladen ein. Die Gemeinde als Eigentümerin des Herrenhauses hat die Außenrenovierung veranlasst und die Innenräume notdürftig wieder hergestellt. Ein kleines Museum im Gebäude ist geplant, doch es fehlt eine langfristige und realistische Nutzungsperspektive für das große Gebäude, das ein herausragendes Beispiel der Renaissance-Baukunst in der Prignitz ist.

Dorfkirche
Friedensplatz, 16866 Gumtow OT Demerthin. Schlüssel erhältlich bei Gregor Bergmann, Friedensstraße 45, Tel. 033977 82455

Renaissance-Schloss Demerthin
Schulstraße 10, 16866 Gumtow OT Demerthin. Tel.: 033977 80344,
Mail: kontakt@schloss-demerthin.de. Öffnungszeiten nach vorheriger Anmeldung.

DESSOW

Kirche, Brauereimuseum mit Dampfmaschine

Der Ort Dessow wurde erstmals 1357 urkundlich erwähnt und war in der Hand von vielen wechselnden Adligen. Anfang des 19. Jahrhunderts wurde ein Herrenhaus errichtet, das 1989 abgerissen wurde. Erhalten geblieben ist nur das alte Eingangsportal zum ehemaligen Gutshof. 1902 erhielt Dessow Anschluss an die Ruppiner Kreisbahn von Neuruppin nach Neustadt, jedoch wurde 2006 der Bahnverkehr wieder eingestellt.

Die Kirche entstand als Gutskapelle 1830 in der Form eines kleinen verputzten Saalbaus im neugotischen Stil mit einem kleinen hölzernen Dachreiter über dem Westgiebel. In den Chorfenstern sind Glasmalereien aus der Zeit um 1900, die Paulus und Johannes darstellen. Im Inneren der Kirche befindet sich eine polygonale Kanzel in reichen Spätrenaissanceformen aus dem ersten Viertel des 17. Jahrhunderts, deren Bogenfelder in Farbe gefasste Sitzfiguren der schreibenden Evangelisten zeigen. Das sechsseitige Taufbecken wird nach einer Inschrift auf 1652 datiert. Ferner gibt es noch ein Ölgemälde, das die Beweinung Christi nach der Abnahme vom Kreuz zeigt. Es stammt aus dem 18. Jahrhundert.

In der Neuruppiner Straße 2 befand sich die ab 1867 von Herrn von Kriegsheim betriebene Brauerei, um die angebaute Gerste und Nebenprodukte des Brauprozesses regional nutzen zu können. Von 1885 bis 1907 gehörte die Brauerei Theodor Gilka. Die Firma Gilka war Produzent eines bekannten Kümmelbranntweines in Berlin, dem »Kaiser Kümmel«. Ab 1912 war die Brauerei bis 1972 eine Wirte-Genossenschaft. Danach war es der Volkseigene Betrieb Brauerei Dessow. Nach der deutschen Einheit wurde erneut eine Genossenschaft gegründet, und dann übernahm die Öttinger Brauerei den Betrieb, bis die Brauanlage 2009 geschlossen wurde. Ein ehrenamtlich betriebenes Museum in der ehemaligen Schlosserei erinnert an die Geschichte der Brauerei und des Ortes. Bestandteil ist auch eine sehenswerte, unter Denkmalschutz stehende Dampfmaschine aus dem Jahr 1916, die anlässlich des 100. Jubiläums wieder zum Laufen gebracht wurde. Zu besonderen Anlässen gibt es aus einer mobilen Schaubrauerei selbstgebrautes Bier.

Dorfkirche
Neuruppiner Straße/Ecke Schulweg, 16845 Wusterhausen/Dosse OT Dessow.
Schlüssel bei Annette Fröhlich, Neuruppiner Straße 1 A, Tel.: 033974 50033

Brauereimuseum
Neuruppiner Straße 2, 16845 Wusterhausen/Dosse OT Dessow. Tel.: 0157 34741152.
Besichtigung nur nach Voranmeldung.

DOSSENIEDERUNG

Die Dosseniederung ist ein 366 km^2 (36 000 ha) großes, flaches Talsandgebiet zwischen eiszeitlichen Moränen in der Prignitz und den Sanderflächen, die zur Wittstock-Ruppiner Heide gehören. Das Dossetal ist um ca. zehn Meter tiefer liegend. Als die Gletscher am Ende der Eiszeit schmolzen, bildete sich eine Rinne zum Ablaufen des Schmelzwassers, die hierdurch die Niederung der Dosse und die Rinnenseen der Kyritzer Seenkette entstehen ließen. Das Gelände fällt von Norden nach Süden leicht ab. Die Nord-Süd-Ausdehnung beträgt ungefähr 45 Kilometer, während die Ost-West-Ausdehnung deutlich geringer ist und auch sehr schwankt. Ursprünglich war die Dosseniederung mit ausgedehnten Erlenwäldern bewachsen. Heute findet im Nordteil großflächige Ackernutzung statt, während im Süden ein höherer Grundwasserstand vorkommt und die Grünland- und Waldanteile höher sind. Rund um die Rinnenseen und nördlich von Herzsprung gibt es ausgedehnte Kiefernwälder. Eine Besonderheit ist das einzige Hochmoor der Region bei Ganz. Hier werden auch wieder Flächen vernässt. Verschiedene Gebiete sind unter Naturschutz gestellt und bieten als Schutzbereiche mit hoher Biotopvielfalt ein bedeutendes Rückzugsgebiet für Zugvögel, Tiere und Pflanzen.

GANZ

»Schloss« / Herrenhaus, Drehort verschiedener Filme

Ganz wird das erste Mal 1438 urkundlich erwähnt. Das Dorf war vorher wüst (verlassen). Die wüste Feldmark gehörte zur Herrschaft Fretzdorf und wurde 1438 vom Markgrafen an den Bischof Konrad von Havelberg übertragen. 1504 bis 1618 gehörte es den von Warnstedts, 1618 bis 1804 den von Gühlens, 1804 bis 1818 Kriminalrat Kencke zu Berlin. Er plante die Errichtung einer Glashütte und hatte dafür auch die Genehmigung erhalten, zur Ausführung dieser Pläne kam es jedoch nicht. Später folgten der Kaufmann von Wedell, die Familie von Purgsdorf, der Hofschlächter und Ökonom Verdrieß zu Berlin und 1877 die Familie von Karstedt. 1911 kaufte der Berliner Fabrikant und Erfinder der Petromax-Lampe das Dorf

»Schloss«/Herrenhaus in Ganz

und ließ einen neuen Wirtschaftshof und ein neues Herrenhaus bauen. Bis zum Ende des Zweiten Weltkrieges betrieb die Familie Graetz hier einen landwirtschaftlichen Musterbetrieb. 1946 wurde das Land an, wie es damals hieß, »Neubauern« verteilt. Neben der Landwirtschaft wurde ab 1989 auch industrielle Mast betrieben, die 1990 in die Märkische Puten GmbH umgewandelt wurde und jetzt unter Kartzfehn Märkische Puten GmbH firmiert.

Das elfachsige, schlossartige Herrenhaus (Parkweg 8) mit zwei Geschossen ist 1914 bis 1918 in neuklassizistischen Formen als Putzbau mit seitlichen Stummelflügeln und Mansarddach entstanden. Der Architekt war Felix Rudolf Lindhorst, ausgeführt hat den Bau der Architekt Wilhelm Kimbel. Auf der Park- und Hofseite sind übergiebelte Mittelrisalite mit antikisierenden figürlichen Steinreliefs angemauert. An einer Giebelseite befindet sich ein großzügiger Säulenportikus mit Altan (balkonartiger Austritt vor dem Obergeschoß, untermauert). Im Inneren gibt es eine weitgehend erhaltene Innenausstattung von Kimbel mit Siena-Marmor im Vestibül, eine über zwei Geschosse reichende Halle mit großem, farbigem Glasfenster sowie Wandvertäfelungen, Kamine, Stuck- und Kassettendecken. Zeitgleich entstanden verschiedene Wirtschafts- und Wohngebäude und eine Brennerei – zum Teil in moderner Industriearchitektur und zum Teil unter dem Einfluss der Heimatschutzbewegung. Nach dem Zweiten Weltkrieg wurde das Haus als Lungenheilstätte und Altenpflegeheim genutzt. Auch für Filmproduktionen wurde das Schloss entdeckt. 2016 wurde hier für den Film »Der junge Marx« mit August Diehl, Stefan Konarske und Vicky Krieps gedreht, im Jahr 2012 die ZDF-Produktion »Das Adlon – Eine Familiensaga« mit Heino Ferch, Marie Bäumer und Josefine Preuß und 2014 entstanden hier Innenaufnahmen für die Filmkomödie »Der Nanny« mit Matthias Schweighöfer, Milan Peschel und Paula Hartmann.

»Schloss« Ganz
Parkweg 8, 16866 Kyritz OT Teetz-Ganz

GANZER

Kirchenruine, Künstlerhof

Ganzer ist ein breites Straßendorf im Grenzbereich der Prignitz und des Ruppiner Landes und wird 1365 nur indirekt in einer Urkunde erwähnt, so dass als erste urkundliche Erwähnung das Jahr 1478 gilt. Die Geschichte ist sehr wechselvoll. Durch unterschiedliche Belehnungen, Heiraten, Erbschaften und Verkauf waren hier fast alle örtlichen Adelsgeschlechter und das Domkapitel als Lehensherren vertreten. 1654 wurde der kurfürstliche Teil des Dorfes an Familie von Rohr gegeben. Von da an war Ganzer geteilt: von der Bundesstraße 167 aus gesehen, in einen linken Teil im Besitz derer von Rohr (Ganzer II) und den rechten Teil im Besitz derer von Wahlen-Jürgaß (Ganzer I). Bis 1928 gab es zwei Gutsbezirke und bis 1945 zwei Güter. Nach dem Zweiten Weltkrieg wurden beide Güter enteignet und auf 102 sogenannte »Neubauern« verteilt.

Von der Dorfkirche sind nur die Umfassungsmauern erhalten. Sie war ein Feldsteinsaalbau mit dreiseitigem Chorschluss. 1711 wurde sie barock umgebaut. An der Westseite stand früher ein quadratischer Turm, der

Fachwerk-Gutshaus in Ganzer

verbrettert war. 1973 wurde die Kirche wegen Baufälligkeit abgerissen, aber die Umfassungsmauern blieben stehen. Das Inventar wurde auf mehrere andere Kirchen verteilt.

Aufgrund der Teilung des Ortes gab es auch zwei Gutshäuser. Das Gutshaus Ganzer I der Familie von Jürgaß war 1722 gebaut worden, wurde aber wegen schlechter Bausubstanz 1981 abgerissen. Zuletzt war Otto-Helmut von Rohr-Wahlen-Jürgaß bis zur Enteignung 1945 Eigentümer. Das Gutshaus Ganzer II (Dorfstraße 20) wurde 1701 bis 1705 als sechsachsiges Fachwerkhaus errichtet. Um 1800 wurde ein eingeschossiger, rechtwinkliger Fachwerkseitenflügel angefügt. Die letzte adlige Besitzerin war Elsbeth Hildegard von Rohr, die später in den USA lebte und auf dem Friedhof von Ganzer beigesetzt wurde. Der Gutshof, zu dem auch ein Scheunenatelier gehört, veranstaltet diverse Kunstprojekte. Dazu gehören Ausstellungen, Fontane-Spaziergänge mit szenischen Lesungen durch das Dorf und Veranstaltungen der Kinder- und Jugendkunstakademie Gutshof Ganzer e. V., die 2018 den Bundespreis der Jugendkunstschulen erhielt.

Ganzer Kirchenruine

Vor der Kirche steht ein Grabdenkmal für die Familie »Wahlen-Jürgass«. Es wurde 1833 errichtet und zeigt einen marmornen Engel mit gesenktem Blick. Darüber ist ein Baldachin aus Eisenkunstguss angebracht. Davor befinden sich drei Inschriftgrabsteine aus dem 17. Jahrhundert. Das Denkmal wurde 1995 restauriert.

Ruine Dorfkirche
Die Ruine der Dorfkirche steht zwischen Dorfstraße 22 und 24, 16845 Wusterhausen/Dosse OT Ganzer

Künstlerhof und Kinder- und Jugendkunstakademie Gutshof Ganzer
Dorfstraße 20, 16845 Wusterhausen/Dosse OT Ganzer. Tel.: 033974 50088, Mail: kunstakademie-ganzer@t-online.de, www.kunstakademie-ganzer.de

HOHENOFEN

Technisches Denkmal

1693 wurde hier eine Eisenhütte von Landgraf Friedrich von Hessen-Homburg, der ein Jahr zuvor das rund fünf Kilometer entfernt liegende Neustadt erworben hatte, gegründet. Dieser ließ die Gegend, die damals »Vierhütten« genannt wurde, untersuchen. Gefunden wurde Raseneisenstein, den er im Tagebau bis zu einer Tiefe von 1,20 Metern abbauen ließ. Für das neue Seigerwerk (seigern bedeutet ausschmelzen), den »Hohen Ofen«, wurde ein Gebläse benötigt. Deshalb ließ er einen Kanal von Neustadt aus anlegen, an dem eine Wassermühle das Gebläse antrieb. Der Kanal wurde schließlich zum Hauptlauf der Dosse. Sämtliches Gut wurde auf dem Wasser transportiert, so dass 30 Kähne hier stationiert waren. Nach Erschöpfung der Vorkommen des Raseneisensteines wurde die Eisenhütte Mitte des 18. Jahrhunderts zu einer Silberschmelze umfunktioniert. Die Rohstoffe hierfür kamen aus Mansfeld und Rotenburg per Schiff. Wegen mangelnder Rentabilität wurde der Betrieb 1833 eingestellt.

Ehemalige Papierfabrik

1836 bis 1838 ließ die Preußische Seehandlung eine moderne Anlage als Erweiterung der Patent-Papierfabrik Berlin errichten.

Eine Besonderheit hierbei ist, dass die historische Produktionslinie der Herstellung von Papier aus Lumpen vollständig erhalten ist und deshalb die Anerkennung als »National wertvolles Kulturdenkmal« verliehen bekommen hat. Es gab im Laufe der Zeit ständige Modernisierungen und Wechsel der Besitzverhältnisse. In der DDR war der volkseigene Betrieb vor allem auf die Herstellung von Transparent-Zeichenpapier spezialisiert.

Da Investitionen in der DDR unterblieben und eine Konkurrenzfähigkeit nicht bestand, wurde der Betrieb 1992 eingestellt. Der Verein »Patent-Papierfabrik Hohenofen e. V.« hat 2003 die Trägerschaft über das Gelände übernommen und sich den Erhalt des technischen Denkmals und die Revitalisierung des Areals in der Neustädter Straße 25 zur Aufgabe gemacht.

Patent-Papierfabrik Hohenofen
Neustädter Straße 25, 16845 Sieversdorf-Hohenofen.
Mail: mail@papierfabrik-hohenofen.de, www.papierfabrik-hohenofen.de

KAMPEHL

Dorfkirche, Mumie Ritter Kahlbutz, Gutshaus/Spezialheim für Kinder

Kampehl ist ein Straßendorf, das schon im 13. Jahrhundert erweitert wurde. Aufgrund von Teilungen und damit von teilweise zwei Herrschaften gleichzeitig, ist die Ortsgeschichte komplex. Vermutlich gehörte das Land vor 1491 den Grafen Lindow-Ruppin. 1491 wurden die von Kahlbutz' erwähnt, 1524 die Familie von Bismarck genannt und ab Mitte des 16. Jahrhunderts die von Kröchers. Nach dem Dreißigjährigen Krieg waren 16 Höfe unbesetzt. Ab Ende des 17. Jahrhunderts waren die von Kahlbutz die alleinigen Besitzer des Ortes. 1879 wurde die Familie Krell genannt und bereits vor 1919 die Fürstin Wanda Blücher von Wahlstedt, die Kampehl als Witwensitz nutzte. Sie legte 1945 noch Widerspruch gegen die Enteignung ein, danach ging die Familie nach England.

Die Dorfkirche ist ein aus sorgfältig bearbeiteten Granitquadern gebauter, rechteckiger Saalbau. Es wird davon ausgegangen, dass sie aus

Dorfkirche aus Granitquadern

der Zeit von 1246 bis 1255 stammt, 1790 jedoch umgebaut wurde. Über dem Westgiebel befindet sich der quadratische Turm, der 1436 auf der Westseite massiv und sonst als Fachwerkturm errichtet und verbrettert wurde. Im Inneren befinden sich eine Balkendecke und eine Westempore. Aus dem ersten Viertel des 18. Jahrhunderts stammt der barocke Kanzelaltar mit geschnitzten Wangen und gewundenen Säulen. Die Patronatsloge hingegen stammt aus der Mitte des 17. Jahrhunderts. Die Orgel wurde von Friedrich Hermann Lütkemüller gebaut. Die Sonnenuhr, an der gotischen Tür auf der Südseite der Kirche, soll eine der ältesten in Deutschland sein. Auf der nördlichen Seite befindet sich ein Gruftanbau, der im 19. Jahrhundert erneuert wurde.

Der Sage nach soll Ritter Kahlbutz 1690 den Schäfer Plickert erschlagen haben. Da er die Tat vor Gericht leugnete, wurde er freigesprochen. Als er das Gericht als freier Mann verließ, soll er gesagt haben: »Wenn ich doch der Mörder bin gewesen, dann wolle Gott, soll mein Leichnam nie verwesen.« Nach seinem Tod im Jahre 1702 wurde er in einer Gruft der Kirche beigesetzt. Bei der Öffnung der Gruft 1794 wurde neben ver-

Die Mumie des Ritters Kahlbutz

westen Leichen auch die unverweste Leiche des Christian Friedrich von Kahlbutz gefunden. Trotz verschiedener Untersuchungen (u.a. von Rudolf Virchow und Ferdinand Sauerbruch) ist noch immer nicht geklärt, wieso der Leichnam nicht verweste. Die Mumie ist heute im nördlichen Gruftanbau zu besichtigen.

Das stattliche zweigeschossige, verputzte Herrenhaus stammt im Kern von 1746 bis 1755 und wurde 1846 bis 1855 umgebaut. Die Familie von Kahlbutz nutzte das Haus bis 1784, die Familie Krell in der Zeit von 1828 bis 1903 und von da an, bis zur Enteignung 1945, die schon erwähnte Fürstin Blücher von Wahlstedt, geborene Prinzessin Radziwill. 1925 gab es Umbauten im Haus und es wurde eine Treppe in den Park im Stil der Terrassen von Sanssouci angefügt.

Zu DDR-Zeiten wurde das Gebäude als Spezialheim genutzt. Diese Spezialheime für Kinder und Jugendliche von sechs bis 18 Jahren waren »Umerziehungsheime« und bildeten eine eigene Organisationsstruktur innerhalb des Heimsystems der DDR-Jugendhilfe. 1953 waren hier 45 Kinder in drei Gruppen untergebracht, mit Schlafräumen für drei bis neun

Kampehler Herrenhaus

Kinder. Bei einer Begehung im November 1989 wurde nach 40-jährigem Betrieb durch das Volksbildungsministerium der DDR festgestellt, dass das Heim in einem ungeeigneten Gebäude in schlechtem Zustand untergebracht und ein Neubau oder eine umfassende Rekonstruktion dringend erforderlich ist. In einem Bericht der Bundesregierung zur Aufarbeitung der Heimerziehung in der DDR von 2012 gab es folgende Bewertung: »Insbesondere in den Spezialheimen der Jugendhilfe war der Alltag von Freiheitsbeschränkung, Menschenrechtsverletzungen, Fremdbestimmung, entwürdigenden Strafen, Verweigerung von Bildungs- und Entwicklungschancen sowie erzwungener Arbeit geprägt.«

Der zum Herrenhaus gehörende Park wurde im Wesentlichen Anfang des 19. Jahrhunderts angelegt und 1901 überarbeitet. Im Zusammenhang mit der Errichtung der neuen Treppenanlage wurde er in Hausnähe erneut umgestaltet.

Dorfkirche
Kampehl 29 C, 16845 Neustadt (Dosse) OT Kampehl. Dez. bis Febr. geschlossen.

Gruft Ritter Kahlbutz
Kampehl 29 C, 16845 Neustadt (Dosse) OT Kampehl. Tel.: 033970 13265, 0152 04141200, Mail: gb-neustadt@kirchenkreis-prignitz.de, www.kalebuz.de. Nov. bis Ostern geschlossen.

Ehem. Gutshaus/Spezialheim für Kinder
Kampehl 35, 16845 Neustadt (Dosse) OT Kampehl

KYRITZ

Stadtpfarrkirche, Fachwerkhäuser, Stadtmauer mit Weichhaus, Klostergarten, Rosengarten, Märchenwald, Agrarflugzeugmuseum

Kyritz liegt in einem Gebiet, das schon seit vielen tausend Jahren besiedelt ist. Nach der Eiszeit haben sich im 10. Jahrtausend v. Chr. Menschen, die vom Jagen und Sammeln lebten, im Bereich des Elbe-Urstromtals niedergelassen. Es folgten dann sesshafte bäuerliche Kulturen. Später gab es eine Siedlung der frührömischen Kaiserzeit, von der sich nördlich der Stadt ein Urnenfriedhof aus dem 3. Jahrhundert und der ersten Hälfte des 4. Jahrhunderts n. Chr. erhalten hatte. Nachdem die Germanen in der Zeit der Völkerwanderung Richtung Südwesten abgezogen waren, wurde das Gebiet ab dem 7. Jahrhundert durch Slawen besiedelt. Das wasserreiche Gebiet zwischen der Jägelitz und der mittleren Dosse war in slawischer Zeit dicht besiedelt. Mit dem sogenannten Wendenkreuzzug 1147 kamen immer mehr Menschen aus dem Rheingebiet und den heutigen Niederlanden hierher. 1229 wurden die Edlen von Plotho als Besitzer von Kyritz genannt und 1237 erhielt der Ort das Stendaler Stadtrecht. Nach denen von Plotho besaßen die Markgrafen von Brandenburg die Stadt und danach wechselten die Besitzverhältnisse mehrfach: die Herren von Mecklenburg, die Herren von Werle, dann wieder die Markgrafen und die Herren von Mecklenburg, bis schließlich seit dem 15. Jahrhundert die Markgrafen bzw. Kurfürsten von Brandenburg in Kyritz die Herrschaft übernahmen.

Die Stadt wurde im 13. Jahrhundert planmäßig in einer ovalen Form angelegt, mit zur Jägelitz parallel verlaufenden Straßen und durch Stadt-

Die Pfarrkirche St. Marien überragt die Häuser am Marktplatz.

mauer und Wälle geschützt. 1259 erhielten die Stadtbürger das Recht der Schifffahrt und hatten so über die Jägelitz und die Havel Anschluss an die Elbe und Kyritz wurde im 14. Jahrhundert Mitglied der Hanse. Bedeutend waren die Tuchmacherei und das Brauwesen. Das 14. und 15. Jahrhundert war eine Zeit vieler kriegerischer Auseinandersetzungen, in der sich die Stadt durch Beistandsvereinbarungen mit anderen Städten versuchte abzusichern. An diese Zeit erinnert heute noch das Bassewitz-Fest. Die Reformation kam 1539 nach Kyritz und das 1303 gegründete Franziskaner-Kloster wurde 1541 aufgelöst. Unter dem Dreißigjährigen Krieg hatte Kyritz schwer zu leiden. Das einst starke Handwerk und Gewerbe ging zurück und Kyritz entwickelte sich zu einem Ackerbürgerstädtchen. Im 17. und 18. Jahrhundert wurden Fachwerkbauten errichtet, die auch heute noch die Altstadt prägen (so z. B. in der Johann-Sebastian-Bach-Straße Nr. 7, Nr. 28, Nr. 36 und Nr. 44). Von der Stadtbefestigung aus Backstein sind nur noch Reste an der Ost- und der Südseite in der Straße An der Mauer erhalten. In dieser Straße befindet sich auch ein halbrundes Weichhaus (Verteidigungsbau). Die drei Stadttore wurden abgetragen. Pest, Kriege

Das Kyritzer Rathaus

und Stadtbrände ließen die Zahl der Menschen in Kyritz stark sinken. 1718 wurde Kyritz Garnisonstadt und litt unter der Einquartierung der Soldaten ebenso wie unter der Besetzung durch napoleonische Truppen 1806 bis 1814. Zur Erinnerung an die siegreiche Völkerschlacht bei Leipzig wurden 1814 vier Eichen auf dem Marktplatz gepflanzt, von denen heute noch eine steht. 1817 wurde Kyritz Sitz des Ostprignitzkreises. Durch die Entwicklung der Landwirtschaft entstand in Kyritz 1873 eine der größten Stärkefabriken Deutschlands. Die Stadt entwickelte sich in der zweiten Hälfte des 19. Jahrhunderts weiter: Es entstanden ein Elektrizitätswerk, eine Molkerei, ein neues Rathaus und 1910 ein Krankenhaus. 1887 hatte Kyritz mit Strecken nach Neustadt und nach Meyenburg Anschluss an die Eisenbahn erhalten. Im Ersten Weltkrieg fanden über 160 Menschen aus Kyritz den Tod und das Krankenhaus wurde zum Reservelazarett. In den 1920er Jahren fand eine Radikalisierung der Bauern statt, so dass die NSDAP hohe Stimmenanteile verbuchen konnte. Nach der Regierungsübernahme durch die Nationalsozialisten wurden jüdische Geschäftsleute boykottiert, drangsaliert und zum Verlassen der Stadt gezwungen.

An der Stadtmauer

Der jüdische Friedhof der Stadt wurde zerstört und mindestens sieben Menschen aus Kyritz wurden Opfer des Holocausts. Mutige Menschen hissten am 2. Mai 1945 die weiße Fahne auf dem Rathausturm und übergaben die Stadt kampflos an die sowjetische Armee. Am 2. September 1945 verkündete Wilhelm Pieck in Kyritz die Bodenreform. 1952 wurde Kyritz Kreisstadt des gleichnamigen Kreises im DDR-Bezirk Potsdam. 1956 bis 1985 entstanden durch die Neubaugebiete Kyritz West und Kyritz Ost neue Stadtviertel. Durch die nahe gelegene Seenkette wurde Kyritz ein gern besuchter Ort für Erholungssuchende mit Campingplatz und Strandbad. 1989 gab es Friedensgebete in der Kirche und am 21. November 1989 eine Demonstration für eine schnellere Umsetzung von Reformen. In einer Kyritzer Scheune wurde am 8. August 1990 die erste Filiale des Lebensmitteldiscounters Aldi in der DDR eröffnet. 1993 wurde Kyritz dem Landkreis Ostprignitz-Ruppin angegliedert. In den folgenden Jahren wurde viel restauriert, modernisiert und neu gebaut.

Die Stadtpfarrkirche St. Marien ist der Umbau einer Vorgängerkirche, die eine kleine romanische Kirche aus dem 12. Jahrhundert war. Sie war

Historisches Fachwerkhaus

noch dem Heiligen Nikolaus, dem Schutzpatron der Seefahrenden und der Kaufleute, gewidmet. Der Umbau zu einer dreischiffigen, gotischen Hallenkirche mit Chor und Turm erfolgte um das Jahr 1400, so gibt es im Mauerwerk Sandsteinpartien, Feldsteinquader und Backsteine. Seit der Reformation im Jahr 1539 ist es eine evangelisch-lutherische Kirche. 1622 brannten Turm und Kirche ab und waren unbenutzbar. Bis zum Wiederaufbau wurden die Gottesdienste in der Kirche des Franziskaner-Klosters abgehalten. 1714 war der sechsjährige Wiederaufbau abgeschlossen, bei dem man sich am gotischen Vorbild orientierte, so dass von »Nachgotik« gesprochen wird. 1820 kam es zu einem Turmbrand. Daraufhin wurde der alte gotische Turm 1848 abgetragen und durch eine zweitürmige Fassade im Stil der Neogotik mit Dreiecksgiebel nach Entwurf von Friedrich August Stüler ersetzt. Der weite Innenraum wurde durch eine Renovierung und die Rückgängigmachung der Barockisierung 1904 verändert. Für den Raumeindruck bestimmend ist die umlaufende Empore aus dem 18. Jahrhundert, die im Westen abgerundet ist. Dabei wurden auch die Chorfenster einheitlich verglast. Der Chor hat ein barockes Sterngewölbe. Im nördlichen Seitenschiff befindet sich ein neugotischer Altaraufsatz mit Auferstehungsgemälde. Auch der sogenannte Achatiusaltar aus der Dorfkirche Brüsenhagen steht in diesem Seitenschiff. Der Altar besteht aus den Seitenflügeln eines spätgotischen Schnitzaltars aus der Zeit um 1480 mit nicht dazugehörendem Sockel und Aufsatz. Im Hauptfeld des Altars sind derbe figurenreiche Szenen aus dem Leben des heiligen Achatius zu sehen. Die große achteckige Sandsteintaufe stammt vermutlich aus der Mitte des 16. Jahrhunderts. An den Seiten befinden sich die Szene der Taufe im Jordan und sitzende Propheten. Aus dem Jahr der Wiederherstellung der Kirche nach einem Brand, 1714, stammt die Kanzel mit Schalldeckel und einer fantasievoll durchbrochenen Krone mit Posaunenengel. Unterhalb der Empore befindet sich das historische Ratsgestühl aus dem ersten Viertel des 18. Jahrhunderts. Die Orgel aus dem Jahr 1873 wurde von Adolf Christian Reubke und seinem Sohn aus Hausneindorf/Harz geschaffen und gilt als größte romantische Orgel in Brandenburg. Sie wurde 1963 bis 1965 durch Hans Voit aus Rathenow und 1994/95 von Alexander Schuke aus Potsdam restauriert. Ferner befinden sich in der Kirche großformatige Gemälde flämischer Herkunft, ein Sandsteinepitaph für Jochen Mas (gestorben 1604) mit von Putten gehaltenem Wappen und Inschriften und ein weiteres schlichteres Epitaph von 1712. In der Nordkapelle befindet sich die beschädigte Schnitzfigur Anna Selbdritt aus der Zeit um 1500 sowie ein Sandsteinepitaph für den Bürgermeister Johann Daniel Schartow und dessen Ehefrau (gestorben 1770 und 1780) mit einem Urnenaufsatz und allegorischer Puttenszene.

Das Franziskanerkloster wurde 1303 erstmals urkundlich erwähnt, scheint aber vorher schon bestanden zu haben Es befand sich an der Nordwestecke der Stadt am Hamburger Tor. Ursprünglich existierte wohl eine Vierflügelanlage mit Klosterkirche. Nach der Reformation wurde das Kloster 1541 aufgehoben und die Anlage zum Teil als Armenhaus genutzt. Der Rest verfiel. Die Kirche diente im 17. Jahrhundert als Stadtkirche, danach als Garnisonkirche und wurde im 18. Jahrhundert bis auf Reste abgerissen. Übrig geblieben sind nördliche Teile der Längswand der Kirche und der als Wohngebäude genutzte Klausurflügel, der im Barock überarbeitet wurde. Der Verein »Kyritzer Knattermimen« legte ab 1995 den Klostergarten wieder an und errichtete eine Freilichtbühne mit 300 Plätzen. Es finden dort wechselnde Kulturveranstaltungen statt.

Bassewitzbrunnen mit der Darstellung der tapferen Kyritzer Frauen am Marktplatz

Seit 2017 wird das Areal von der Stadt saniert und zum Kulturzentrum Klosterviertel Kyritz mit Stadtmuseum, Tourismusinformation, Stadtbibliothek und Veranstaltungsgebäude hergerichtet.

Das Rathaus am Marktplatz 1 wurde als historistischer, dreigeschossiger Backsteinbau 1879 errichtet. Der Bau nimmt Anleihen an mittelalterlicher Wehrarchitektur und wird von einem achteckigen Uhrenturm bekrönt.

In einem damaligen Hotel in der heutigen Maxim-Gorki-Straße 38 verkündete am 2. September 1945 der KPD-Vorsitzende Wilhelm Pieck die Bodenreform. Danach wurden rund 7 000 Großgrundbesitzer mit Flächen über 1 km² (100 ha) und Menschen, die Kriegsverbrechen begangen hatten, entschädigungslos enteignet. Das Land wurde aufgeteilt und an sogenannte Neubauern vergeben. Kyritz als Kreisstadt des Landkreises Ostprignitz war nach Meinung der KPD der geeignete Ort, da dieser Kreis ein typischer Agrarkreis und der Landbesitz des Adels hier größer war als im restlichen Deutschland. Zum 25. Jahrestag der Bodenreform wurde 1970 in der Perleberger Straße 8 ein Bodenreform-Denkmal eingeweiht, das vom Bildhauer Werner Stötzer geschaffen wurde. Ein zweites Denkmal erinnert in der Graf-von-der-Schulenburg-Straße 7, vor der Friedhofsmauer, an die Opfer der Zwangskollektivierung. Es wurden 400 000 bis dahin selbständig in der Landwirtschaft tätige Menschen bis 1960 in die Landwirtschaftlichen Produktionsgenossenschaften (LPG) gezwungen. Daran erinnert seit 25. April 2010 ein zwei Meter hoher Stein, der durch den Geschäftsführer des Deutschen Bauernbundes und den damaligen Ministerpräsidenten von Sachsen-Anhalt, Wolfgang Böhmer, eingeweiht wurde. Es war bundesweit das erste Denkmal zu diesem Thema. Infolge der Zwangsmaßnahmen flüchteten damals 15 500 in der Landwirtschaft Beschäftigte in die Bundesrepublik. Gegen Menschen, die sich dem verweigerten, wurden 8 000 Schauprozesse geführt und rund 200 Menschen gingen, weil sie dem Druck nicht standhielten, in den Freitod.

Auf dem Kirchplatz an der Johann-Sebastian-Bach-Straße steht das Schulze-Kersten-Denkmal, das an zwei Kyritzer Bürger erinnert, die von der napoleonischen Besatzungsmacht als Machtdemonstration 1807 vor den Toren der Stadt erschossen wurden. Das Denkmal in neogotischen Formen für Johann Carl Friedrich Schulze und Carl Friedrich Kersten wurde am Erschießungsort 1846 aufgestellt und Anfang der 1960er Jahre

Rosengarten mit St. Marien im Hintergrund

an den heutigen Ort versetzt. Es soll von Friedrich August Stüler entworfen worden sein.

Auf dem Marktplatz erinnert ein Brunnen an die Bassewitz-Sage. Danach soll der Raubritter Bassewitz 1381 am Montag nach Innokavit (dem 6. Sonntag vor Ostern) versucht haben, die Stadt zu erobern, scheiterte aber an der tapferen Bevölkerung. 1411 soll er erneut versucht haben, die Stadt einzunehmen und grub einen Tunnel in die Stadt, der nicht unentdeckt blieb. Als er mit dem Schwert in der Hand an die Oberfläche kam, wurde er von Frauen mit heißem Brei übergossen und festgenommen. Schließlich wurde er mit seinem eigenen Schwert hingerichtet. Das Schwert ist heute noch im Ratssaal des Rathauses zu sehen. 2007 wurde zur Erinnerung daran der Brunnen, nach einem Entwurf des Künstlers Jan Witte-Kropius, eingeweiht. Jedes Jahr wird der Montag nach Innokavit mit einem Festgottesdienst begangen und alle zwei Jahre gibt es im Spätsommer ein Wochenende lang ein mittelalterliches Freiluftspektakel.

Auf den ehemaligen Wallanlagen der Stadt entstand der Stadtpark. In diesem wurde 1937 zur 700-Jahrfeier der Stadt an der Rüngerpromenade ein Rosengarten angelegt. In den 1960er Jahren erfolgte eine Umgestaltung der Parkanlage mit Beeten und Freilichtbühne. 1965 wurde zur Erinnerung an die Opfer des Nationalsozialismus an der Bahnhofstraße ein Ehrenmal aufgestellt. 1991/92 wurde die Anlage erneut umgestaltet, die Freilichtbühne durch zwei Hügel ersetzt und ein Spielplatz angelegt. Nach weiteren Umbau- und Sanierungsmaßnahmen gibt es nun im Rosengarten einen Wasserlauf, Teich, Pavillon, Ruheplätze, Bäume, Sträucher, Rosen und ein Spielplatz. Wahrzeichen der Anlage ist die Skulptur »Die Woge« von Fritz Klimsch.

Ein beliebtes Ziel für Familien ist der im Sommerhalbjahr öffentlich und unentgeltlich zugängliche Märchenwald am Kyritzer Untersee (Seestraße 110, am Parkplatz Heinrichsfelder Weg). Hier gibt es die Figuren der Märchen der Brüder Grimm, aus der Disneywelt, aber auch Vögel, Ameisen und Dinosaurier zu entdecken.

Kyritz ist vielen als »Kyritz an der Knatter« bekannt. Allerdings liegt die Stadt nicht an der Knatter, sondern an der Jäglitz. Einer Legende nach soll der Name von Reisenden auf dem alten Postweg von Berlin nach Hamburg stammen, die sich, wenn sie hier Station machten, vom Rattern und Knattern der hölzerneren Mühlen gestört gefühlt haben sollen.

Der Kyritzer Flugplatz, genauer Verkehrslandeplatz, befindet sich im Ortsteil Heinrichsfelde (Flugplatz 8) direkt an der Bundestraße 5 in Richtung Wusterhausen. Bereits im Zweiten Weltkrieg wurde der Platz als Notlandeflache genutzt, jedoch nach dem Krieg mit Flugverbot belegt. 1952 sammelten sich Segelfluginteressierte und durften den Platz ein Jahr später benutzen. Wegen Fluchtgefahr wurde der Segelflugbetrieb 1979 verboten. Ab 1957 wurde der Platz aber auch von technischen Maschinen für Agrarflüge genutzt. Anfang der 1970er Jahre arbeiteten hier 115 Menschen für den Einsatz der 70 Agrarmaschinen, deren Einsatzgebiet von der Ostsee bis zum Bezirk Dresden reichte. Von 1989 bis 1991 war die Treuhandanstalt Eigentümer des Geländes, dann die Flughafen Kyritz Betriebs GmbH, deren einhundertprozentiger Eigentümer 1996 die Stadt wurde. 1999 wurde eine 1000 Meter lange und 23 Meter breite Bitumen-Start- und Landebahn, inklusive der benötigten Rollbahnen, in Betrieb genommen und hat inzwischen eine moderne Befeuerungsanlage bekommen, die Nachtflugbetrieb ermöglicht. Zusätzlich gibt es eine Gras-Start- und Landebahn mit den Maßen 1000 mal 30 Meter. Zugelassen ist der Flugplatz für Luftfahrzeuge bis 5,7 Tonnen Gewicht, Hubschrauber, Motorsegler, Segelflugzeuge, Luftschiffe, Freiballone und Luftsportgeräte. Das Areal wird für Gewerbeansiedlungen und Messen genutzt.

Auf dem Gelände des Flugplatzes befindet sich auch Europas einziges Agrarflugzeugmuseum (Flugplatz 3). Vor mehr als 100 Jahren wurde dem Oberförster Alfred Zimmermann das kaiserliche Patent erteilt, Schädlinge unter Verwendung von Luftfahrzeugen zu bekämpfen. Die Entwicklung des Agrarflugs bis in die Gegenwart wird gezeigt (mit Schwerpunkt auf Kyritz).

Stadtpfarrkirche
Links neben dem Büro der Kirchengemeinde. Büro der Kirchengemeinde Kyritz, Johann-Sebastian-Bach-Straße 51, 16866 Kyritz. Tel.: 033971 72374, Mail: buero@kirchengemeinde-kyritz.de, www. kirchengemeinde-kyritz.de

Fachwerkhäuser
Beispielsweise in der Johann-Sebastian-Bach-Straße (Nr. 7, 28, 36, 44), Marktplatz (Nr. 4, 14), Maxim-Gorki-Straße (Nr. 21, 23, 29, 41, 43), Prinzenstraße (6, 7, 9), 16866 Kyritz

Stadtmauer
An der Mauer, 16866 Kyritz

Klostergarten
Johann-Sebastian-Bach-Straße 6, 16866 Kyritz

Rosengarten
Rüngerpromenade (zwischen Bahnhofstraße und Hagenstraße), 16866 Kyritz

Märchenwald
Am Parkplatz Heinrichsfelder Weg, gegenüber vom Waldschlösschen, Seestraße 110, 16866 Kyritz. Tel.: 033971 85255, Mail: tourismus@kyritz.de, www.kyritz.de. Mai bis Sept.

Agrarflugzeugmuseum
Im Ortsteil Heinrichsfelde direkt an der Bundestraße 5. Flugplatz 3, 16866 Kyritz OT Heinrichsfelde. Tel.: 033971 514271, Mail: kontakt@agrarflug-kyritz.de, www. agrarflug-kyritz.de

Kultur- und Tourismusbüro »Kyritz an der Knatter«
Maxim-Gorki-Straße 32, 16866 Kyritz. Tel.: 033971 85-255, Mail: tourismus@kyritz.de, www.kyritz.de. Saisonal unterschiedliche Öffnungszeiten. So. geschlossen.

KYRITZER SEENKETTE

Das Landschaftsschutzgebiet Kyritzer Seenkette entstand aus einer 22 Kilometer langen Schmelzwasserrinne der Eiszeit und erstreckt sich von Norden nach Süden über den Obersee, in dem die drei Seen Borker See, Salzsee, Stolper See aufgingen, den Untersee oder Bantikower See und den Klempowsee. Wälder, in denen ca. 40 verschiedene Gehölzarten vorkommen, umgeben große Teile der Seen. Die 3,82 km² (382 ha) große Seefläche ist Lebensraum für 16 Fisch- und sechs Wasservogelarten. Hier leben aber auch Rotmilane und Seeadler sowie Fischotter und Biber. Es existiert ein wertvoller Lebensraum für Wälder, Feuchtwiesenpflanzen und gefährdete Vogelarten. Der Obersee, mit einer Fläche von 2,86 km² (286 ha), reguliert als Dossespeicher den Wasserhaushalt der Dosse und ist für den Hochwasserschutz von Wusterhausen und Neustadt zuständig. Zudem stellt er die Bewässerung von 110 km² (11000 ha) landwirtschaftlicher Nutzfläche sicher. Der Dossespeicher, mit einem Volumen von 18,3 Millionen Kubikmetern Wasser, ist somit die größte Talsperre in Norddeutschland. Die Talsperre in Stolpe hat einen gekrümmten Staudamm mit 900 Metern Länge und fünf Metern Höhe. Die durchschnittliche Tiefe des Speichers beträgt 5,50 Meter, die maximale Wassertiefe 11,5 Meter. Der Untersee bietet ein Freizeitparadies für Wassersporttreibende, Wandernde, Radfahrende, Campende und Angelnde. Wasserfahrzeuge mit Verbrennungsmotor sind hier verboten (mit Ausnahme von gewerblichen Rundfahrten). Auf der Insel im Untersee befindet sich eine moderne Gastronomie mit Biergarten, die über eine Fähre von beiden Seiten des Sees zu erreichen ist.

www.dosse-seen-land.de, www.kyritzerseenkette.de

METZELTHIN

Dorfkirche, Gutshaus mit Park

Der Ort wurde das erste Mal 1293 urkundlich erwähnt. Die Besitzgeschichte des Dorfes ist sehr zersplittert und kompliziert.

Die Dorfkirche, ein Saalbau aus Feldsteinquadern, stammt aus der Mitte des 13. Jahrhunderts, hat einen eingezogenen Chor und einen schiffsbreiten Westturm. Der Turm wurde vermutlich durch einen quadratischen, verbretterten Fachwerkaufsatz mit einer steilen Schieferspitze erhöht. An der Südseite befinden sich ein Chor- und ein Schiffsportal, jeweils mit Feldstein gestuft. Die Kirche wurde im Dreißigjährigen Krieg beschädigt und 1698 wieder hergestellt. Im Inneren befindet sich ein zweigeschossiger Kanzelaltar in kräftiger Plastizität von 1710. Die gebauchte Kanzel ist mit Akanthusschmuck zwischen rahmenden Säulen versehen. Die achteckige Holztaufe aus dem 17. Jahrhundert steht auf einem gedrehten Fuß. Das Patronatsgestühl stammt aus dem 18. Jahrhundert.

Dorfkirche

Gutshaus

In der Dorfstraße 32 steht das historische, vermutlich für Bernhard Friedrich von Krosigk errichtete, Herrenhaus aus dem Jahre 1793. Es ist ein neunachsiger, frühklassizistischer Putzbau. Die Eingangsseite ist durch einen zarten, dreiachsigen Mittelrisalit mit paarigen Pilastern gekennzeichnet. Davor befindet sich ein Altan (abgestützter Austritt an einem Gebäude) aus der Zeit Anfang des 20. Jahrhunderts. Nach der Enteignung nach dem Zweiten Weltkrieg wurde das Haus zunächst als Unterkunft für geflüchtete Menschen genutzt. Später hatte es in der DDR sehr unterschiedliche Nutzungen: Kindergarten, Konsum-Verkaufsstelle, Gemeinderaum, Arztzimmer, Wohnhaus. Nach der Einheit stand es einige Jahre leer, wurde dann privat erworben und 1997 bis 1999 restauriert.

Dorfkirche
Dorfstraße 22, 16845 Wusterhausen/Dosse OT Metzelthin.
Gemeindebüro: St.-Petri-Straße 7, 16868 Wusterhausen. Tel.: 033979 14767,
Mail: gb-wusterhausen@kirchenkreis-prignitz.de, www.kirchenkreis-prignitz.de.
Kirche Nov. bis März geschlossen.

NEUSTADT (DOSSE)

Kreuzkirche, Haupt- und Landgestüt mit Museum, Gaswerk

Neustadt entstand am Übergang der Straße von Havelberg in das Land Ruppin über die Dosse. Hier befand sich offensichtlich eine Burg an der Grenze der Prignitz ins Ruppiner Land, die gesichert werden sollte. 1375 war sie im Besitz derer von Bredow, ab 1407 in der Hand der Grafen von Lindow-Ruppin. Es folgten die von Quitzows, von Salderns, von Sparrs und von Winterfelds, die sich ein im Dreißigjährigen Krieg wieder zerstörtes Schloss bauen ließen. 1643 erwarb es die Familie von Königsmarck. Das kleine, seit dem Mittelalter bestehende Örtchen entwickelte sich erst unter dem nächsten Besitzer. 1662 wurde Neustadt von Prinz Friedrich von Hessen-Homburg gekauft und nach persönlicher Intervention beim Kurfürsten 1664 in den Rang einer Stadt erhoben. Ein Großfeuer zerstörte das Schloss und die Kirche. Der Kirchneubau entstand nordwestlich der alten Burgstätte.

Um die Entwicklung des Ortes zu fördern, kamen aus Süddeutschland, Holland und später aus Frankreich (Hugenotten) Menschen, die hier neu siedelten. Der Prinz ließ die Dosse regulieren, eine Eisenhütte (Hohenofen) und eine Spiegelhütte (Spiegelberg) anlegen. 1694 wurde Neustadt durch Landtausch kurfürstliche Domäne (ländliche Besitzung des Kurfürsten). Die Manufakturen florierten bis zur ersten Hälfte des 19. Jahrhunderts und gingen dann größtenteils ein. 1788 wurde das Brandenburgische Haupt- und Landgestüt errichtet, das bis heute existiert. 1846 erhielt Neustadt durch einen Bahnhof Anschluss an die neu eröffnete Berlin-Hamburger Eisenbahn. Das Stadtgebiet wuchs durch verschiedene Eingemeindungen. Bis 1952 gehörte Neustadt zum Kreis Ruppin, von 1952 bis 1990 zum Kreis Kyritz im DDR-Bezirk Potsdam und seit 1993 zum Landkreis Ostprignitz-Ruppin. Im Jahr 2000 hat Neustadt die Zusatzbezeichnung »Stadt der Pferde« verliehen bekommen.

Der Bau der Kreuzkirche in Neustadt (Kirchplatz) wurde 1673 nach Plänen von Anton Reinhardt begonnen, da der Vorgängerbau bei einem Großbrand 1666 bis auf die Grundmauern vernichtet war. 1686 wurde die Kirche geweiht und 1696 mit der Komplettierung des Innenraums fertiggestellt. Somit ist es der erste barocke Zentralbau in Brandenburg. Da sich aufgrund des Potsdamer Ediktes von 1685 einige französische reformierte

Gläubige (Hugenotten) in Neustadt niedergelassen hatten, wurde die Kirche von 1697 bis 1827 simultan genutzt. In dieser Zeit gab es zwei Kanzeln und um 1900 wohl auch zwei Altäre im Gebäude. Die zusätzliche Kanzel wurde erst 1920 bei einer Innensanierung wieder entfernt. Der Grundriss der Kirche besteht aus einem sogenannten Griechischen Kreuz (ein Kreuz mit vier gleich langen Seiten, die im rechten Winkel zueinanderstehen) auf einem achteckigen Grundriss mit vier kurzen Kreuzarmen. Die schlichte Außenfassade wird wirkungsvoll durch rustizierte Eckbänder und hohe, rundbogige Fenster gegliedert. Die Eingänge befinden sich an den Enden der Kreuzarme unter einer geteilten Giebelverdachung auf Sandsteinkonsolen. Das Hauptdach ist eine geschweifte Holzkuppel, auf der sich eine doppelte Laterne mit Schweifhaube befindet. Die Kreuzarme tragen Walmdächer.

Der steile Innenraum ist durch seine nüchterne Originalausstattung sehr wirkungsvoll. Der Kirchenraum wird von achtseitigen hölzernen Klostergewölben gedeckt, während die Kreuzarme Stichkappentonnen haben. Der östliche Kreuzarm ist durch die Altarwand mit dahinter befindlicher Sakristei verstellt. Diese Altarwand wird flankiert von vier korinthischen Säulen, auf denen traubenbehangene Weinpflanzen und Olivenblätter dargestellt sind. Der Altar ist ein schlicht verputzter Steinaltar mit Holzabdeckung. Darüber befindet sich die Orgelempore mit Kanzel, die sich als polygonaler Korb, begrenzt von vier gewundenen Säulen, einfügt. Dahinter steht die Orgel. Das derzeitige Instrument aus dem Jahr 1893 stammt aus der Werkstatt Albert Hollenbach in Neuruppin. Er war ein Schüler Friedrich Hermann Lütkemüllers. Die erste Orgel wurde schon 1710 von Christian Kreynow, einem Schüler Schnittgers, gebaut, über deren Verbleib es unterschiedliche Angaben gibt. Vom wem die zweite Orgel aus dem Jahr 1765 stammte, ist nicht bekannt. Jedoch war sie 1892 in einem solch schlechten Zustand, dass die heutige Orgel in Auftrag gegeben wurde. 2005 wurde sie von der Firma Schuke aus Potsdam vollständig zerlegt, gereinigt und gestimmt.

Durch die Anordnung von Altar, Kanzel und Orgel in einer vertikalen Achse ergibt sich im Kirchenraum ein einzigartiges Bild. In den anderen drei Kreuzarmen sind zweistöckige Emporen mit korinthischen Säulen und Inschriftkartuschen eingebaut. Ferner befinden sich in der Kirche ein neugotischer Taufstein aus der Zeit um 1870, eine Sandsteinvase mit

Pferde auf dem Brandenburgischen Haupt- und Landesgestüt

Draperie in Form einer Urne für Ernst Bleichert Giese (gestorben 1775) und ein Sandsteinepitaph für Regina Scharlotta Lauin, dessen Herkunft aus den Kirchenunterlagen nicht hervorgeht. Auch zur Person gibt es dort keine Informationen.

Die katholischen Gläubigen feierten ihre Messe zunächst in der ehemaligen Kapelle der reformierten Gemeinde in Spiegelberg, die jedoch zunehmend baufällig wurde. Durch Spenden konnte 1906 eine von Arnold Güldenpfennig entworfene Kirche (Prinz-von-Homburg-Straße 4) errichtet werden, die 1913 nach Plänen von Josef Welz erweitert wurde. Der Bau entstand als historistischer, verputzter Saalbau mit eingezogener Halbkreisapsis und einem schlanken Chorflankenturm. Die schwere Westfassade steht in der Tradition der rheinischen, romanischen Kirchen. Dahinter verbirgt sich ein dreischiffiger, niedriger, kreuzgratgewölbter Kirchenraum. Der heutige schlichte Holzaltar stammt von Martin Maaz. 1982 wurde die erste Orgel durch ein Instrument der Firma Sauer ersetzt, wofür die Empore umgebaut wurde. 1923 übernahmen aus Berlin gekommene Ursulinen (eine Ordensgemeinschaft) das hier 1911

Ehemaliges Gaswerk mit Gasometer

eröffnete Waisenhaus. Sie bauten es als Schullandheim aus und richteten 1925 eine katholische Schule ein, die aber 1950 auf Wunsch der sowjetischen Behörden geschlossen werden musste. Seitdem betreuen die Schwestern Menschen mit geistigen Beeinträchtigungen.

Carl Heinrich August Graf von Lindenau war der Reisestallmeister von König Friedrich Wilhelm II. Er überzeugte diesen, dass es günstiger sei, die Pferde nicht im Ausland zu besorgen, sondern dass es besser für die Kavallerie und die Hofhaltung sei, wenn die Pferde im eigenen Lande gezüchtet werden. Durch die Einrichtung von Haupt- und Landgestüten sollte die Pferdezucht in Preußen verbessert und so die Versorgung mit vom Staat benötigten Pferden sichergestellt werden. In Neustadt wurde für ganz Preußen das »edelste Blut« gesammelt und zur Verfügung gestellt und so prägte das Gestüt auch die Entstehung der Rasse Brandenburger Warmblut. Lindenau war zudem der Chef aller preußischen Gestüte. Er beauftragte den sächsischen Bauinspektor Ephraim Wolfgang Glasewald mit der Anlage des Neustädter Gestüts. In den Jahren 1788 bis 1791 entstanden das Zuchtgestüt (Friedrich-Wilhelm-Gestüt) und das Landgestüt (Lindenau). Diese beiden getrennten Einrichtungen wurden notwendig, da Neustadt zu den wenigen Standorten gehörte und gehört, die neben dem traditionellen Landgestüt (Hengsthaltung) auch ein Hauptgestüt (Stutenaufzucht und -haltung) beherbergt. Beide Anlagen sind durch eine kilometerlange Baumallee miteinander verbunden. Die Architektur zeichnet sich durch eine harmonische, klassizistische, sachliche und zweckmäßige Gestaltung aus. Das Gesamtareal hat eine Fläche von 4 km² (400 ha). Neustadt ist heute die Pferdehauptstadt Brandenburgs und zieht jährlich, nicht zuletzt durch die Hengstparaden, zehntausende Menschen an. Seit 2001 gibt es »Reiten« als Schulfach, ein Wohnheim für Lernende aus dem gesamten Bundesgebiet und eine Stiftung mit weit über den Pferdesport hinaus gehenden Aufgaben. Graf von Lindenau ist auch Namensgeber für die 1999 bis 2000 errichtete Veranstaltungshalle auf dem Gelände. Hier finden neben auch international bekannten Reit- und Pferdevorführungen ebenfalls Politik-, Wirtschafts- und Freizeitveranstaltungen sowie Konferenzen, Seminare und Trauungen statt. Da es zu den ältesten staatlichen Gestüten Deutschlands gehört, hat es auch ein Museum, in dem die Geschichte des Gestüts, die Brandenburger Pferdezucht und das Gestütsleben dargestellt sind. Zusätzlich gibt es noch ein Museum, in dem beeindruckende Kutschen, Schlitten und Pferdewagen der unterschiedlichsten Zeitepochen gezeigt werden. Das Museum befindet sich im Hauptgestüt 10.

Auf der Havelberger Straße stadtauswärts gerät auf der rechten Seite ein technisches Gebäude in den Blick. Zunächst ist der Gasometer zu sehen und dann die gesamte Anlage des Gaswerkes (Havelberger Straße 25), bestehend aus dem Ofenhaus mit Nebengebäuden und technischer Ausstattung, Gasmeisterhaus, Werkhof und Gasometer. Seit 1903 wurde hier aus Steinkohle, in sogenannten Retortenöfen, Stadtgas für die Straßenbeleuchtung und zum Heizen für die Neustädter Bevölkerung hergestellt. Bei der Stilllegung des Werkes 1980 war es eines der letzten noch produzierenden Steinkohle-Entgasungsanlagen. Seit 1990 kümmert sich ein Förderverein um die Erhaltung des Gaswerkes mit den aus der Entstehungszeit stammenden Gebäuden samt Inventar, die heute das letzte original erhaltene Gaswerk in Nord- und Mitteleuropa darstellen. Darüber hinaus wird auch über die Geschichte der im 17. Jahrhundert gegründeten Spiegelmanufaktur informiert. Im 17. und 18. Jahrhundert waren Spiegel ein begehrtes Luxusgut und Spiegel aus dem Neustädter Ortsteil Spiegelberg sind u.a. im Grünen Gewölbe in Dresden und im Neuen Palais in Potsdam zu finden.

Das Bahnhofsempfangsgebäude an der Berlin-Hamburger Eisenbahn wurde 1844 bis 1846 nach Plänen von Friedrich Neuhaus unter Mitarbeit von Ferdinand Wilhelm Holz errichtet. Es ist ein Putzbau im Stil des Klassizismus mit zwei Geschossen. Am Parkplatz nordwestlich des Bahnhofseingangs steht das als Kesselfüllwasserturm bezeichnete Gebäude, das um 1880 errichtet wurde. Der Turm entstand aus Backstein, wobei der Turmkopf aus Fachwerk mit Ziegelausfachung besteht. Heute wird das Bauwerk als Bistro genutzt.

In der Bahnhofstraße 57 befindet sich der Grüne Lernort der Oberförsterei Neustadt. Es werden waldpädagogische Themen wie nachhaltige Forstwirtschaft, Arten- und Biotopschutz sowie der Wald und seine Bedeutung behandelt und Angebote für privat Interessierte oder Gruppen unterbreitet.

Kreuzkirche/Stadtkirche
Kirchplatz, 16845 Neustadt (Dosse). Gemeindebüro Schulstraße 3, 16845 Neustadt (Dosse), Tel.: 033970 13265, 033970 14129, Mail: gb-neustadt@kirchenkreis-prignitz.de, www.kirchengemeinde-neustadt-dosse.de

Katholische Kirche
Prinz-von-Homburg-Straße 4, 16845 Neustadt (Dosse). Tel.: 033970 13412, Mail: hlgeist@dekanat-wittenberge.de, www.dekanat-wittenberge.de

Haupt- und Landgestüt mit Museum
Stiftung »Brandenburgisches Haupt- und Landgestüt Neustadt (Dosse)«, Hauptgestüt 10, 16845 Neustadt (Dosse). Tel.: 033970 5029-0, Mail: info@neustaedter-gestuete.de, www.neustaedter-gestuete.de. Information für Besuchende: Tel.: 33970 5029533, Mail: info@neustaedter-gestuete.de, www.neustaedter-gestuete.de. Gestütsmuseum, Sa. und So. und Kutschenmuseum, Nov. bis März geschlossen.

Technisches Denkmal Gaswerk mit Gasometer
Havelberger Straße 25, 16845 Neustadt (Dosse). Tel.: 033970 511 87, Mail: gaswerkneustadt@aol.com, www.gaswerk-neustadt.de. Mo. geschlossen, Sa./So. nach Absprache.

Grüner Lernort
Oberförsterei Neustadt, Bahnhofstraße 57, 16845 Neustadt (Dosse). Tel: 033970 504885, Mail Waldpädagogin: marita.lukas@lfb.brandenburg.de, www.forst.brandenburg.de/lfb/de/themen/waldpaedagogik/waldpaedagogische-einrichtungen/gruener-lernort-neustadt/

WUSTERHAUSEN (DOSSE)

Stadtpfarrkirche, Wegemuseum, DDR-Zweirad-Museum

Schon in slawischer Zeit siedelten hier Menschen. An einem Dosseübergang wurde im Mittelalter eine Burg nordöstlich der heutigen Altstadt, von Dossearmen umgeben, errichtet. Hier trafen sich Straßen, von Wittstock, Perleberg und Kyritz kommend, und führten ins Land Ruppin, nach Friesack und Rhinow. 1232 wurde Wusterhausen das erste Mal in einer Urkunde erwähnt und die Familie von Plotho als Besitzende des Gebietes um Wusterhausen und Kyritz genannt. Die Stadt hatte drei Stadttore und eine Mauer, von der nur noch wenige Reste in der Dombrowski- und St.-Petri-Straße erhalten sind. Die Tore wurden bis zum 18. Jahrhundert abgerissen. Um 1319 übernahmen die Grafen von Lindow-Ruppin die Stadt. Um 1400 hatte Wusterhausen das Stapelrecht für Salz, wodurch sich ein starker Salzhandel entwickelte. Das Salz wurde aus Lüneburg über die Elbe, die Havel und die damals schiffbare Dosse in die Stadt transportiert. 1524 kam die Stadt mit der Herrschaft Ruppin an Brandenburg. Die Reformation wurde hier 1542 durchgeführt. Nachdem der Kurfürst den Salzhandel – zugunsten von Steinsalz aus Beelitz – aufhob, versiegte die Geldquelle der Stadt. Wusterhausen verlor an Bedeutung und entwickelte sich zu einer Handwerker- und Ackerbürgerstadt.

Der Dreißigjährige Krieg schädigte die Stadt nachhaltig. Als weitere Geißeln kamen die Pest und zahlreiche Stadtbrände hinzu. Einen Aufschwung brachte die Stationierung der Eskadron Kürassiere, genannt »Gelbe Reiter«, in der Zeit von 1796 bis 1806. Vom Aufschwung profitierten die Gewerke der Tuchmacher, Leineweber, Schneider und Schuster. Insbesondere die Anzahl der Schuhmacher war so groß, dass schon scherzhaft von »Schusterhausen« gesprochen wurde. Nachdem die Soldaten die Stadt verlassen hatten, wurden für kurze Zeit von 1860 bis 1875 Teile der 4. Eskadron des Ulanen-Regiments Nr. 11 nach Wusterhausen verlegt. Mit dem erneuten Abzug des Militärs sank Wusterhausen wieder zu einem Ackerbürgerstädtchen herab, zumal die Berlin-Hamburger Eisenbahn nicht über Wusterhausen, sondern über Neustadt gelegt wurde und die Stadt in eine abseitige Lage geriet, so dass die Gewerbe- und Industrieentwicklung des 19. Jahrhunderts Wusterhausen nicht berührte. In

In der Altstadt von Wusterhausen

der Zeit des Nationalsozialismus fand eine Bücherverbrennung auf den Schwenzewiesen statt. Mit dem Einzug der sowjetischen Armee am 1./2. Mai 1945 hatte die Stadt den Zweiten Weltkrieg fast unversehrt überstanden. 1952 kam Wusterhausen zum Kreis Kyritz im DDR-Bezirk Potsdam. Dem Volksaufstand am 17. Juni 1953 schlossen sich zahlreiche Menschen der Stadt an und zogen gegen die kommunistische Diktatur protestierend durch die Straßen. Wusterhausen wurde zum »Unruhebrennpunkt« erklärt und zur Beruhigung der Lage wurden MG-Schützen im Kirchturm postiert. Wie in der gesamten DDR kam es zur Vernachlässigung der Altstadt und dem Abriss von historischer Bausubstanz. Um die Stadt zu entlasten, wurde die Fernverkehrsstraße 5, die auch die Transitstrecke zwischen Berlin und Hamburg war, als Ortsumgehung 1963 fertiggestellt. Auf Einladung des Pfarrers Karl-Ernst Selke tagte am 19. Dezember 1989 erstmals der Runde Tisch in Wusterhausen. Seit der Einheit kam es zu mehreren Eingemeindungen und Umstrukturierungen der kommunalen Verwaltung. 1993 wurde die Stadt dem Landkreis Ostprignitz-Ruppin angegliedert.

Spätklassizistisches Rathaus

Die Stadtpfarrkirche St. Peter und Paul dominiert mit ihrem gewaltigen Dach und dem Turm die Silhouette von Wustermark. Der Bau wurde wohl im 13. Jahrhundert als spätromanische Basilika mit behauenen Granitquadern begonnen, aber ab dem 14. Jahrhundert als dreischiffige Backsteinhalle ausgeführt. Der Umgangschor, geweiht 1479, wurde zusammen mit zwei schmalen Chorkapellen mit Backstein gebaut. Der dreigeschossige, frühgotische Turm steht auf einem Granitsteinsockel. Unüblich sind die beiden auf der Nord- und Südseite gelegenen Backsteinportale mit Schmuckelementen. Das niedrige Zeltdach wurde nach einem Turmeinsturz 1764 aufgebracht. Im schlichten Langhaus sind die vielgestaltigen Umplanungen durch Materialwechsel und zugemauerte Öffnungen gut zu erkennen. Auf der Nordseite befindet sich an der Querschiffsstirnwand ein frühgotisches Feldsteinportal. Ende des 15. Jahrhunderts wurde die Marienkapelle neben der Chorkapelle angebaut und außen mit einem strengen Staffelgiebel versehen. Innen sind der Chor und das Schiff baulich und farblich unterschieden. Während sich das Schiff nach einer Restaurierung aus der Zeit von 1965 bis 1972 weiß mit

Das Wegemuseum ist mit seinen vielen Ausstellungsstücken auch für Kinder sehenswert.

grauen Rippen zeigt, sind im Chor die vielgliedrigen Säulen rot gegen die weiß getünchten Wände abgesetzt. An den Wänden sind noch Reste spätgotischer Wandmalereien zu sehen. Prächtig ist die Kanzel, die in reichen Spätrenaissanceformen 1610 von Jürgen Fischer geschnitzt wurde. Am Kanzelkorb befinden sich über der Paulusbüste die Figuren Christi und der Apostel. Auf dem zweigeschossigen Schalldeckel sind die Kardinaltugenden und Halbfiguren der Evangelisten zu sehen. Als Bekrönung befindet sich oben ein Pelikan (Symbol für den Opfertod Christi). Im nördlichen Seitenschiff gibt es eine Empore mit Spätrenaissancedekor. Der Altaraufbau im Scheitelpunkt des Chores stammt aus dem Jahr 1776. Der Taufstein in Form eines sechseckigen Kelches auf einem runden Fuß datiert auf das Jahr 1712. An der Kuppa sind Puttenköpfe zwischen Akanthuslaubwerk zu sehen. Aus der zweiten Hälfte des 15. Jahrhunderts stammt das unvollständige Chorgestühl, das an den Seitenwangen durch halblebensgroße Relieffiguren verziert ist. An der Orgelempore befinden sich Wappen, an der Südempore Gemälde der vier Evangelisten. Der berühmte Berliner Orgelbaumeister Joachim Wagner hat 1724 die Orgel gebaut, die zu den noch erhaltenen und nur wenig veränderten Wagnerorgeln gehört. Das schöne Orgelprospekt mit reichen Beschlägen wird auch als »Gotteskasten« bezeichnet. Bedeutend ist auch das Wandgrabmal aus Sandstein für Otto Albrecht von Rohr (gestorben 1736). Es wurde 1975 aus der aufgegebenen Kirche in Ganz hierher versetzt.

Das Wusterhausener Rathaus ist um 1840 als massiver, verputzter, zweigeschossiger Bau im Stil des Spätklassizismus entstanden. Zum Markt hin befindet sich ein breitgelagerter Mittelrisalit mit fünf von sieben Fensterachsen. Westlich des Rathauses steht am Markt 3 ein stattlicher, zweigeschossiger Fachwerkbau mit einem hohen Mansardwalmdach. Er stammt aus dem Jahr 1764 und wurde früher, wegen eines Vorbesitzers, Herbstsches Haus genannt. Nach einer umfassenden Sanierung 2009 bis 2011 beherbergt es jetzt eine Bibliothek, eine Galerie und die Tourismusinformation. Im Gebäude befindet sich auch das Wegemuseum, das das Thema »Historische Wege im Wandel der Zeit« in Verbindung mit der Lokal- und Regionalgeschichte zeigt und dadurch einen Alleinstellungscharakter hat. Am Markt 42 befindet sich das DDR-Zweirad-Museum, das über 50 Modelle von motorisierten Zweirädern, aber auch muskelbetriebene Zweiräder ausstellt.

Stadtpfarrkirche
Kirchstraße, 16868 Wusterhausen/Dosse OT Stadt Wusterhausen/Dosse.
Gemeindebüro, St.-Petri-Straße 7, 16868 Wusterhausen, Tel.: 033979 14767,
Mail: GB-Wusterhausen@Kirchenkreis-Prignitz.de, www.kirche-wusterhausen.de

Rathaus
Am Markt 1. 16868 Wusterhausen/Dosse. Tel.: 033979 877-10,
Mail: buergermeister@wusterhausen.de, www.wusterhausen.de

Wegemuseum
Am Markt 3, 16868 Wusterhausen/Dosse. Tel.: 033979 877-60,
Mail: info@wegemuseum.de, www.wegemuseum.de.
Mo., Mi., So. (außer Ende Mai bis Anfang Sept.) geschlossen.

DDR-Zweirad-Museum
Am Markt 42, 16868 Wusterhausen/Dosse. Tel.: 0173 8746798,
Mail: ddrzweiradmuseum@gmail.com, www.ddr-zweirad-museum.com.
Am Wochenende nur nach Absprache unter 0173 8746798.

Tourismusinformation
Am Markt 3, 16868 Wusterhausen/Dosse. Tel.: 033979 87760,
Mail: tourismusbuero@wusterhausen.de, http://www.wusterhausen.de.
Mo., Mi., So. geschlossen.

BILDNACHWEIS

Adobe Stock: S. 79, 81, 102, 161; akg-images / Michael Foedrowitz: S. 126; Museumsfabrik Pritzwalk: S. 82 links oben (Lars Schladitz); OpenStreetMap: S. 12, 66, 98, 132; Picture-Alliance: S. 2 (ZB / Jens Büttner), 6 (Zoonar / Thorsten Schier), 8 (dpa / dpa-Zentralbild / Jens Kalaene), 9 (dpa / dpa-Zentralbild / Soeren Stache), 10/11 (dpa / Soeren Stache), 14 (ZB / Bernd Settnik), 16 links (dpa-Zentralbild / ZB / Bernd Settnik) 16 rechts oben (dpa-Zentralbild / dpa / Bernd Settnik), 16 rechts unten (ZB / Bernd Settnik), 17 (KURIER / picturedesk.com /Jeff Mangione), 19 links unten (ZB / Bernd Settnik), 19 rechts (ZB / Bernd Settnik), 25 (dpa-Zentralbild / ZB / Peter Gercke), 27 (Peter Schickert), 28 links oben (Peter Schickert), 28 links unten (Jens Wolf), 28 rechts (Peter Schickert), 33 (DUMONT Bildarchiv / Johann Scheibner), 34 (KITTY KLEIST-HEINRICH TSP), 36 (dpa / Soeren Stache), 41 (dpa / Soeren Stache), 43 (dpa / dpa-Zentralbild / Soeren Stache), 45 (dpa / dpa-Zentralbild / Soeren Stache), 53 (dpa / dpa-Zentralbild / Jens Kalaene), 57 (ZB / Karlheinz Schindler), 59 (dpa / dpa-Zentralbild / Soeren Stache), 61 links oben (ZB / Nestor Bachmann), 61 links unten (ZB / Jens Kalaene), 61 rechts (KURIER / picturedesk.com / Jeff Mangione), 70 (ZB), 71 (akg-images / Herbert Kraft), 73 (ZB / Jens Büttner), 76 (ZB / Soeren Stache), 90 oben (dpa / dpa-Zentralbild / Soeren Stache), 90 unten (dpa / dpa-Zentralbild / Soeren Stache), 95 links oben (imageBROKER / Schoening), 95 links unten (dpa / dpa-Zentralbild / Soeren Stache), 95 rechts (dpa / dpa-Zentralbild / Soeren Stache), 96/97 (dpa / Soeren Stache), 99 (dpa / Soeren Stache), 106 (ZB / Nestor Bachmann), 112 (imageBROKER / W. Korall), 113 (ZB / Reinhard Kaufhold), 114 (dpa-Zentralbild / Jens Kalaene), 120 (dpa-Zentralbild / Jens Kalaene), 123 (dpa / dpa-Zentralbild / Soeren Stache), 124 rechts (akg-images / Sammlung Foedrowitz), 125 (ZB / Volkmar Thie), 128 links unten (Jürgen Schwenkenbecher), 128 rechts (dpa / dpa-Zentralbild / Soeren Stache), 130/131 (Shotshop / Rico Ködder), 135 (ZB / Karlheinz Schindler), 136 (imageBROKER / Schoening), 147 (dpa / Bernd Settnik), 150 (ZB / Bernd Settnik), 152 (Zoonar / ArTo), 153 (Zoonar / ArTo), 155 (Eventpress Herrmann), 157 (Zoonar / ArTo), 165 (ZB / Bernd Settnik), 170 (Zoonar / ArTo), 172 (dpa / Bernd Settnik), 174 (Shotshop / K.-H. Spremberg); Tourismusverband Prignitz/Markus Tiemann: S. 100; Wikimedia commons: S. 19 links oben (Global Fish), 21, 23, 31 rechts, 51, 82 links unten (Knut Rosenthal), 82 rechts, 124 links oben (Thomas Tunsch), 124 links unten (Fridolin freudenfett), 143 (Engeser), 166 (Matcar). Alle anderen Fotos stammen vom Autor.

DER AUTOR

Armin A. Woy wurde 1963 geboren und studierte Soziologie, Psychologie, Neuere Geschichte und Stadt- und Regionalplanung. Seit vielen Jahren führt er Seminare, Vorträge, Stadtführungen, Stadtrundfahrten und Exkursionen in Berlin und Brandenburg durch und ist in der Betreuung von Delegationen und Staatsgästen von Bund und Land Berlin tätig. Als Lehrender wirkt er an Fachakademien, Bildungseinrichtungen und in der Erwachsenenbildung in den Bereichen Kultur/Geschichte/Politik, Architektur/Städtebau und Verkehrswesen. Er ist Autor mehrerer Publikationen zu Berlin und Brandenburg.

Für Manon Martina und Alea Zoe

Bibliografische Information der Deutschen Nationalbibliothek
Die Deutsche Nationalbibliothek verzeichnet diese Publikation in der Deutschen Nationalbibliografie; detaillierte bibliografische Daten sind im Internet über http://dnb.d-nb.de abrufbar.

Alle Rechte vorbehalten.
Dieses Werk, einschließlich aller seiner Teile, ist urheberrechtlich geschützt. Jede Verwertung außerhalb der engen Grenzen des Urheberrechtsgesetzes ist ohne Zustimmung des Verlages unzulässig und strafbar. Das gilt insbesondere für Vervielfältigungen, Übersetzungen, Mikroverfilmungen, Verfilmungen und die Einspeicherung und Verarbeitung auf DVDs, CD-ROMs, CDs, Videos, in weiteren elektronischen Systemen sowie für Internet-Plattformen.

© be.bra verlag, Medien und Verwaltungs GmbH, Berlin 2023
Asternplatz 3, 12203 Berlin
post@bebraverlag.de
Lektorat: Ingrid Kirschey-Feix, Berlin
Umschlag: Fernkopie, Berlin (Foto: Adobe Stock)
Satz: typegerecht berlin
Schrift: Milo 9/12,5 pt
Druck und Bindung: DZS Grafik, Ljubljana
ISBN 978-3-89809-218-0

www.bebraverlag.de